ARRÊT

DE LA COUR

DE PARLEMENT

Qui juge l'appel comme d'abus interjeté par **M.** le **Procureur général**, des **Bulles, Bref, Constitutions** et autres **Règlements** de la **Société** se disant de **Jésus ;** fait défenses aux soi-disant **Jésuites** et à tous autres, de porter l'habit de ladite Société, de vivre sous l'obéissance au **Général** et aux **Constitutions** de ladite Société, et d'entretenir aucune correspondance directe ou indirecte avec le **Général** et les **Supérieurs** de cette Société ou autres par eux préposés ; enjoint aux soi-disant **Jésuites** de vider les maisons de ladite Société ; leur fait défenses de vivre en commun, réservant d'accorder à chacun d'eux, sur leur requête, les pensions alimentaires nécessaires, etc., etc.

6 Août 1762.

TROYES.

IMPRIMERIE DE CARDON, RUE MOYENNE, 2.

—

1844.

ARRÊT

DE LA COUR

DE PARLEMENT

Qui juge l'appel comme d'abus interjeté par M. le Procureur général, des Bulles, Brefs, Constitutions et autres Règlements de la Société se disant de Jésus ; fait défenses aux soi-disant Jésuites et à tous autres, de porter l'habit de ladite Société, de vivre sous l'obéissance au Général et aux Constitutions de ladite Société, et d'entretenir aucune correspondance directe ou indirecte avec le Général et les Supérieurs de cette Société ou autres par eux préposés ; enjoint aux soi-disant Jésuites de vider les maisons de ladite Société ; leur fait défenses de vivre en commun, réservant d'accorder à chacun d'eux, sur leur requête, les pensions alimentaires nécessaires, etc., etc.

6 Août 1762.

LOUIS, par la grace de Dieu, roi de France et de Navarre ; au premier huissier de notre cour de parlement, ou autre notre huissier ou sergent sur ce requis, savoir faisons, que, vu par notredite cour, toutes les chambres assemblées, l'arrêt du 17 avril 1761, qui ordonne que les prêtres et écoliers se disant de la Société de Jésus, seront tenus de remettre dans trois jours au greffe de notredite cour un exemplaire imprimé des constitutions de ladite Société, notamment de l'édition faite d'icelles à Prague en 1757 ; la siguification faite à la requête de notre procureur général ledit jour 17 avril dudit arrêt, aux supérieurs des maisons du noviciat, du collége et maisons professes des soi-disant jésuites de notre ville de Paris ; certificat de Saint-Jean, greffier civil des dépôts de notredite cour, du 18 dudit mois d'avril, que deux volumes intitulés, *Institutum Societatis Jesu, Pragæ, anno* 1757, ont été déposés par le frère Antoine de Montigny de la Compagnie dite de Jésus, procureur général de la province de France : arrêté de notre ditecour, du 3o mai 1761, portant que par quatre commissaires d'icelle vérification serait faite, et procès-verbal de collation dressé d'un exemplaire en deux volumes in-folio, représenté à la cour, et intitulé : *Institutum Societatis Jesu, Pragœ, annö* 1757, sur l'exemplaire ci-dessus représenté par ledit greffier des dépôts ; procès-verbal dressé en la chambre du conseil de la Tournelle ledit jour 3o mai de relevée, en exécution de l'arrêt de notredite cour du même jour, de la collation et examen dudit exemplaire, sur celui précédemment remis au greffe de notredite cour.

Comptes rendus en notredite cour le 17 avril, 3, 4, 6, 7 et 8 juillet 1761, concernant l'institut et la morale et enseignement de ceux qui se disent de la Société de Jésus ;

Avis du clergé assemblé à Poissy le 15 septembre 1561, homologué en notredite cour le 13 février suivant, par lequel ladite Société et compagnie aurait été « reçue par forme de « Société et collége, et non de religion, à la charge, entre « autres choses, qu'ils seront tenus prendre autre titre que de « *Société de Jésus,* qu'ils n'entreprendront et ne feront ne en « spirituel, ne en temporel, aucune chose au préjudice des « évêques, chapitres, curés, paroisses, universités, ne des « autres religions, ains seront tenus de se conformer à la dis- « position du droit commun, renonçant au préalable et par « exprès à tous priviléges portés dans leurs bulles aux choses « susdites contraires : *autrement,* et à faute de ce faire, *ou* « *que pour l'avenir ils en obtiennent d'autres, les présentes* « *demeureront nulles et de nul effet et vertu :* »

Arrêt de notredite cour du 29 décembre 1594, portant bannissement des soi-disant jésuites hors de notre royaume ;

Expédition déposée au greffe de notredite cour d'un édit de Henri IV, de janvier 1595 (1), conforme en ses dispositions

---

(1) Henry, par la grace de Dieu, Roy de France et de Navarre ; à tous ceux qui ces présentes Lettres verront, Salut : De tous les moyens et instruments désquels se sont servis ceulx qui de si longue main ont aspiré à l'usurpasion de cest Etat, et qui maintenant ne cherchent que la ruine et dissipation d'iceluy, ne pou-

audit arrêt de notredite cour, ensemble des arrêts d'enregistrement dudit édit ès cour de parlement séant à Rouen et à Dijon, des 21 janvier et 16 février de ladite année 1595 ;

---

vant parvenir plus avant, il s'est apertement recognu, auparavant l'émotion, et pendant tout le cours des présents troubles, le ministère de ceulx qui se disent de la Société et Congrégation du nom de Jesus, avoit été le mouvement, fomentation et apuy de beaucoup de sinistres pratiques, desseings, menées, entreprinses et exécutions d'icelles ; qui se sont brassées pour l'éversion de l'autorité du deffunt Roy dernier décédé, notre très-honoré Sieur et Frère, et empêcher l'établissement de la Nôtre ; lesquelles pratiques, menées, desseings et entreprinses se sont trouvées d'autant plus pernicieuses, que le principal but d'icelles a été d'induire et persuader à nos Sujets secrètement et publiquement, sous prétexte de piété, la liberté de pouvoir attenter à la vie de leurs Roys ; ce qui s'est manifestement découvert en la très-inhumaine et très-déloyale résolution de nous tuer, prise en l'année derniere par Pierre Barrière, confirmée et authorisée par la seule induction et instigation des Principaux du Collége de Clermont de cette Ville, faisant Profession de ladite Société et Congrégation, et récemment par l'attemptat qu'un jeune garçon, âgé de dix-huit à dix-neuf ans, nommé Jehan Chastel, enfant de cette Ville, a fait sur notre propre personne ; lequel Chastel nourry et éslevé depuis quelques ans, et fait le cours de ses Estudes au Collége dudit Clermont, a donné aisément à cognoistre que de cette seule Escole estoient provenus les instructions, avertissements et moyens de ceste damnable volonté ; comme il s'est depuis vérifié par instructions du procès criminel fait à la Requête et poursuite de notre Procureur Général en notre Cour de Parlement, et par les interrogatoires, confessions dudit Chastel, et confrontations d'iceluy avec Jehan Guéret, Prêtre soy-disant de la Société ; comme aussi de Pierre Chastel et Denise Hazart, père et mère dudit Jehan Chastel, par lesquels ceulx de ladite Congrégation se sont trouvés participants de ce détestable et très-cruel parricide, oultre que par les escripts qui se sont depuys trouvés ès mains de Jehan Guynard, l'un des Régens du Collége et de la même Société : on a recognu qu'avec autant d'impiété que d'inhumanité, ils maintiennent être permis aux Sugjets de tuer leur Roy avec l'approbation de la mort dudit deffunt Roy, pour raison de quoy ledit Guignard ayant été publiquement exécuté ; et recognoissant combien pernicieuse et dangereuse est la demeure et séjour en notre Royaume de ceulx qui par de si exécrables et abominables moyens en procurent et poursuivent la ruine avec la nôtre, et après avoir mûrement et avec l'advis des Princes de notre Sang, Officiers de notre Couronne, et plusieurs Seigneurs et notables Personnes de notre Conseil, délibéré sur le fait dudit assassinat, et des causes, circonstances et conséquences d'iceluy, suyvant l'Arrêt de notredite Cour : Nous avons dict, déclaré et ordonné, et par ces présentes disons, déclarons et ordonnons, voulons et nous, plait que les Prêtres et Escoliers du Collége de Clermont, et tous autres soy-disant de ladite Société et Congrégation, en quelque lieu et Ville de notre Royaume qu'ils soient, comme corrupteurs de la Jeunesse, perturbateurs du repos public et nos ennemis, et de l'Estat et Couronne de France, en vuideront dans troys jours, après que le commandement leur en aura été faict, et quinze jours après de notre Royaume ; et que ledit tems passé, où ils seront trouvés, qu'ils soient punis comme criminels et coupables du crime de Leze-Majesté, les déclarant dès à présent indignes possesseurs des biens tant meubles qu'immeubles, qu'ils tiennent en notre Royaume, lesquels Nous voulons estre employés à œuvres pitoya-

Lettre originale du roi Henri IV, signée Henri, et contre-signée de Neufville, portant, en sa suscription, *à mons de Sillery, conseiller en mon conseil d'État*, datée du 15 février 1599, au sujet d'un capucin apostat qu'on l'avait averti être venu en France pour attenter à sa personne, et qui avait été pris et interrogé suivant qu'il est porté en ladite lettre, dans laquelle on lit ces mots : « *S'il faut que je vous die, qu'il me* « *déplaist que le nom des jésuites se trouve encore meslé en ce* « *faict, ayant la volonté que vous sçavez que j'avois d'oublier* « *le passé pour le respect de sa Sainteté; mais il faut aviser* « *davantage ce faict pour en mieux juger.* »

Lettres patentes en forme d'édit données par le roi Henri IV, au mois de septembre 1603, pour satisfaire à la prière faite par le pape pour le rétablissement desdits soit-disant jésuites dans le royaume, contenant, lesdites lettres, diverses charges et conditions y énoncées ;

Lettre originale de *Claudio Aquaviva*, général de la Société, de lui signée, datée du 21 octobre 1603, adressée au roi Henri IV, sur quelques difficultés dont il dit avoir raisonné au long avec l'ambassadeur de Sa Majesté, spécialement en ce qui concerne le serment que l'on veut exiger de ceux de son ordre, *supplie le roi de prendre en considération ce qui lui sera exposé par l'ambassadeur et par ceux de son ordre, et d'embrasser avec sa royale clémence et grandeur d'ame cette*

---

bles, selon que par les Donataires d'iceulx ils ont été destinés, et la distribution que Nous en ordonnerons cy-apres. Faisons en oultre très-expresses inbibitions et deffenses à tous nos sugjets, de quelque état, qualité et condition qu'ils soient, d'envoyer des Escoliers aux Colléges de ladite Société, qui sont dehors de notre Royaume, pour y estre instruits, sur la même peine de crime de Leze-Majesté. Sy donnons en mandement à nos amés et féaux Conseillers, les gens tenant notre Cour de Parlement à Rouen, que ces présentes ils ayent à vérifier, faire lire, pu-blier et enregistrer par tous les Bailliages, Sénéchaussées et Jurisdictions de leur Ressort, et le contenu faire exécuter, garder, antretenir et observer pleinement et paisiblement, en chacun des lieux de notredit Ressort, cessant et faisant cesser tous troubles et empêchemens au contraire. Car tel est notre plaisir; en tesmoing de quoy nous avons fait mettre notre scel à cesdites présentes.

Donné à Paris, le septième jour de Janvier, l'an de grace mil cinq cent qua-tre-vingt-quinze, et de notre Regue le sixiéme. *Signé*, HENRY; et sur le reply, par le Roy, POTTIER, et scellé sur double queue du grand scel de Sa Majesté, en cire jaune, etc.

occasion de s'attacher, sans mettre du tout en risque son service,
toute une Société qui attend, non de la main des magistrats,
ou de l'efficacité de ses raisons, mais de la main seule de Sa
Majesté, une grace complette.

Mémoire de même écriture que la lettre dudit Aquaviva,
intitulé, *Pour la Compagnie de Jésus,* adressé au cardinal
d'Ossat, lors ambassadeur de France à Rome, au sujet de l'édit
dressé pour le rétablissement de ladité Société ; ledit mémoire
contenant demande de ladite Société, à ce que l'édit soit ré-
formé en différents articles, à ce que le libre exercice des fonctions, et l'usage des priviléges soient conservés, à ce que les
permissions à obtenir des évêques soient bornées à l'examen
et approbation requis par le concile de Trente, à ce que le
rétablissement ne soit pas restreint au ressort de deux ou trois
parlements ; à ce que le serment de fidélité ne soit pas exigé ;
faute desquelles conditions, *la Société, à la façon dont cet édit*
est conçu, voyant qu'il lui est à charge, aimera mieux que la
grâce soit suspendue, que les choses soient laissées dans l'état
où elles sont, et le rétablissement différé jusqu'à ce que le temps
et l'expérience ait fait connoître au roi qu'il peut accorder à
cet ordre religieux, comme à tout autre, une confiance qui
fasse espérer une grâce plus complette;

Enregistrement desdites lettres patentes par arrêt de notredite cour du deux janvier 1604, après remontrances faites au
roi, et après que M. Hurault de Maisse, envoyé par le roi pour
presser l'enregistrement, a informé la cour de sa part des circonstances de la négociation faite avec le pape à cet égard,
du refus subsistant de la part du général de ladite Société
d'accepter les conditions portées auxdites lettres patentes,
desquelles néanmoins le pape satisfait demandait la publication, et après qu'il a été dit par ledit Hurault de Maisse (1),

<hr>

(a) Le vendredi 2 janvier 1604, M. André Hurault de Maisse, Conseiller
d'Etat, ayant entrée, séance et voix délibérative en la Cour, venu de la part du
Roi, les Grand'Chambre, Tournelle et de l'Edit assemblées, a dit, que le Roi
lui avoit commandé de retourner en icelle Cour, pour lui dire que sa volonté,
qu'il avoit plusieurs fois déclarée, étoit que toute affaire cesssante, elle eût à vérifier son Edit pour les Jésuites, selon sa forme et teneur, sans plus user de

que la cour « par sa prudence devoit considérer, qu'en l'état
« ou étoient les affaires du royaume, cette difficulté et résis-
« tance qu'elle faisoit, donnoient non-seulement occasion
« aux mauvais esprits d'en faire mal leur profit, comme l'on
« ne parloit que trop, mais étoit pour augmenter et accroître
« les divisions qui étoient dans le royaume, et par ce moyen

---

longueur, retardation, modification, ne restriction : N'étoit besoin représenter les raisons qui se pouvoient dire sur l'Edit ; qu'elles avoient été assez traitées par les Remontrances que la Cour avoit dignement faites, et par les Réponses à elles faites par la bouche du Roi, qu'il ne restait plus que d'y apporter la dernière main par la vérification, dont ayant reçu commandement par la bouche dudit Seigneur, n'avait qu'à lui obéir : Et encore qu'il eût été assez parlé de l'affaire, néanmoins il y avoit une particularité qui pouvoit servir à la résolution, qui était qu'il y avoit quatre ou cinq ans, que le Pape avoit fait solliciter le Roi à rétablir les Jésuites comme ils étoient auparavant l'Arrêt de la Cour ; que Sa Majesté avoit gagné le temps le plus qu'elle avoit pu ; mais enfin il ne pouvoit excuser de lui rendre réponse. Il y a deux ans, ou environ, que Sa Majesté avoit fait dresser des articles, à peu près de ceux contenus en l'Edit, que ledit Seigneur Roi avoit fait bailler au Pape par son Ambassadeur, pensant avoir beaucoup gagné d'éviter un rétablissement général que le Pape demandoit, en accordant lesdits Articles, par lesquels ceux de ce Parlement étoient réduits à deux Maisons, et pour les autres Parlemens où l'Arrêt n'avoit pas été exécuté, réduits à ce qui est porté par l'Edit ; que le Pape avait retenu ces Articles environ deux ans, sans y faire aucune réponse, dont le Roi avoit été aucunement en peine, jusqu'à ce que le Pape eût écrit à Sa Majesté qu'il les trouvoit bons, que les Jésuites se devoient contenter de LA GRACE QU'IL LEUR FAISOIT, et que la longueur procédoit de ce que le GÉNÉRAL DES JÉSUITES NE S'EN CONTENTOIT PAS ET NE LES VOULOIT APPROUVER, DISANT QU'ILS ÉTOIENT CONTRE LEURS STATUTS, dont *ledit Général écrivit au Roi Lettres qui pourroient être représentées*, et ne sont point les Articles encore approuvés par lui. Mais le Pape les ayant trouvés bons, enfin avoit fait prier le Roi par ses Nonces, et par les Ambassadeurs de Sa Majesté, les accorder, en réformant l'Article, qu'ils feroient le serment de fidélité au Roi, et fut avisé, au lieu de mettre l'Article qui est en l'Edit, qu'ils feroient le serment par devant les Juges ordinaires ; tellement que les choses n'étoient plus en leur entier, et avoient passé comme par un Traité entre le Pape et le Roi, qui vouloit l'observer du tout. La Cour ne devoit trouver étrange si le Roi se plaiguoit des longueurs qu'elle y apportoit, après avoir oy ses Remontrances qu'il avoit reçues de bonne part, fait ses réponses sur icelles, et déc'aré sa volonté ; il vouloit être obéi, et qu'en ce faisant ne fût point dit que le Parlement y apporte de contradiction ; autrement il seroit contraint venir à des reremèdes extraordinaires, et dont la Cour aurait du regret et du déplaisir ; et par sa prudence devoit considérer qu'en l'état où étoient les affaires du Royaume, cette difficulté et résistance qu'elle faisoit, donnoit non-seulement occasion aux mauvais esprits d'en faire mal leur profit, comme l'on ne parloit que trop, mais étoit pour accroître et augmenter les divisions qui étoient dans le Royaume, et par ce moyen la Cour feroit retomber sur le Roi l'envie qui pourroit provenir de cette affaire, ce que ses Officiers et Sujets devoient plutôt parer que rejetter sur leur Maître, et partant devoient obéir à sa volonté.

« la cour feroit retomber sur le roi l'envie qui pourroit pro-
« venir de cette affaire ; ce que ses officiers et ses sujets de-
« voient plutôt parer que rejetter sur leur maître, et partant
« devoient obéir à sa volonté ; »

Arrêt rendu en notredite cour, le 6 août 1761, par lequel,
entre autres dispositions, notredite cour aurait reçu, en tant
que de besoin est ou serait, notredit procureur général, appelant comme d'abus de la bulle commençant par le mot *Re-*
gimini, donnée le 5 des calendes d'octobre 1540, portant
pour titre, *Prima instituti Societatis Jesu approbatio*, et autres
bulles, brefs, lettres apostoliques, concernant les prêtres et
écoliers de la Société se disant de Jésus, constitutions d'icelle,
déclarations sur lesdites constitutions, formules de vœux,
décrets généraux, ou des congrégations générales de ladite
Société, et de tous autres règlements, ou actes semblables ;

Autre arrêt dudit jour 6 août 1761, par lequel notredite
cour, entre autres dispositions, aurait condamné différents ouvrages d'auteurs de ladite Société, au nombre de vingt-quatre, à
être lacérés et brûlés par l'exécuteur de la haute-justice, comme
séditieux, destructifs de tous principes de la morale chrétienne, enseignant une doctrine meurtrière et abominable,
non-seulement contre la sûreté de la vie des citoyens, mais
même contre celle des personnes sacrées des souverains : dans
lequel arrêt sont encore mentionnés autres précédents arrêts
de notredite cour concernant autres auteurs de ladite Société,
notamment les arrêts des 8 juin et 26 novembre 1610, 26 juin
1614, 13 mars 1626, et 24 mars 1713, par lesquels auraient
été précédemment flétris les livres de Mariana, de Bellarmin,
de Suarez, de Sanctarel et de Jouvency ; et pour statuer définitivement sur ce qui résulte desdits livres, et du récit fait à
notredite cour le 8 juillet précédent, au sujet de l'enseignement constant et non interrompu de ladite doctrine dans ladite Société des soi-disant jésuites, ainsi que de l'inutilité de
toutes déclarations, désaveux et rétractions faites à ce sujet,
résultante des constitutions desdits prêtres et écoliers, et
autres de ladite Société, auraient joint la délibération à l'appel comme d'abus, sauf à disjoindre, s'il y échet ; par lequel

arrêt il aurait été en même temps fait défenses provisoires auxdits soi-disant jésuites de tenir des écoles et colléges dans le ressort de la cour, et à tous sujets du roi d'y étudier, comme aussi de fréquenter les missions et congrégations de ceux de ladite Société, de s'aggréger et de s'affilier à icelle, et autres dispositions y contenues, sous les peines y portées ;

Notre déclaration du 2 août 1761, registrée en notredite cour, toutes les chambres assemblées ledit jour 6 août 1761, aux charges, clauses et modifications portées en l'arrêt d'enregistrement ;

Arrêté de notredite cour du 31 août 1761, par lequel, entre autres choses, est ordonné le dépôt au greffe de notredite cour de passages, extraits des auteurs de ladite Société mentionnés en l'arrêt du 6 août précédent et d'autres auteurs de ladite Société ; lesdits passages contenant une doctrine attentatoire à l'autorité des souverains, à l'indépendance de leur couronne, à la sûreté publique et à celle de la personne sacrée des rois, pour être lesdits passages portés au roi par le premier président ;

Arrêté du 3 septembre 1761, par lequel il aurait été ordonné que le livre intitulé : *Historiæ sacræ et profanæ epitome*, composée par Horace Turselin de la Société des soi-disant jésuites, serait lacéré et brûlé par l'exécuteur de la haute-justice, comme tendant par tout son contexte et par l'exposition insidieuse des faits, dont aucuns sont altérés, à inspirer aux jeunes étudians, pour l'instruction desquels ledit livre a été composé, des préjugés dangereux contre la nature et les droits de la puissance royale, son indépendance pleine et absolue, quant au temporel, de toute autre puissance qui soit sur la terre, et la sûreté inviolable de la personne des souverains : et aurait aussi été ordonné, entre autres choses, que pour être vérifiés et collationnés tant sur les livres composés et publiés par lesdits soi-disant jésuites, et condamnés par notredite cour, que sur les autres livres mentionnés au compte rendu en notredite cour, toutes les chambres assemblées le 8 juillet dernier, les extraits des assertions dangereuses et pernicieuses en tout genre, que lesdits soi-disant jésuites ont dans tous les temps et persévéramment soutenues, enseignées et publiées dans leurs livres, avec l'approbation de leurs supérieurs et généraux, il serait nommé des commissaires de notredite cour qui s'assembleraient le mardi 15 décembre suivant;

Mémoires et avis des baillages, sénéchaussées, corps-de-villes et universités du ressort de notredite cour, sur la nécessité et les moyens de confier à autres qu'auxdits soi-disant jésuites, l'éducation de la jeunesse;

Arrêts des 17, 19, 20, 26, 27 février, 2, 6, 9, 13, 20, 23 et 27 mars 1762, et autres concernant la tenue des colléges dans les villes de Laon, Mauriac, Aurillac, Châlons-sur-Marne, Bourges, Nevers, Angoulême, Chaumont en Bassigny, Auxerre, Langres, Fontenay-le-Comte, Amiens, Blois, Orléans, Tours, Saint-Flour, Sens, Clermont-Ferrand, Billon, Lyon, la Flèche, Bar-le-Duc, Mâcon, la Rochelle, Charleville, Poitiers, Compiègne, Roanne, Moulins, Eu, Arras, Hesdin, Saint-Omer, Bethune et Aire, par autres que par lesdits soi-disant jésuites;

Extraits des assertions dangereuses et pernicieuses en tous genres, que les soi-disant jésuites ont dans tous les temps et persévéramment soutenues, enseignées et publiées dans leurs livres, avec l'approbation de leurs supérieurs et généraux, vérifiées et collationnées par les commissaires de notredite cour, en exécution de l'arrêté du 31 août 1761, et arrêt du 3 septembre suivant, sur les livres, thèses, cahiers, composés, dictés et publiés par lesdits soi-disant jésuites, et autres actes authentiques déposés au greffe de notredite cour en exécution des arrêts du 3 septembre 1761, 5, 17, 18, 26 février et 5 mars 1762, desquels extraits il résulterait:

I. — *Unité de sentiments et de doctrines.*

1° L'*Unité de sentiments et de doctrine des soi-disant jésuites*, établie, tant dans le livre intitulé *Imago primi sæculi*, ouvrage de tous ceux de ladite Société qui composaient la province de Flandre, et par eux mis en lumière en l'année

1640, que dans la remontrance desdits soi-disant jésuites à l'évêque d'Auxerre, en 1726, dans les ouvrages de Daniel, en 1724, de Gretzer, en 1738, et dans les Constitutions de ladite Société imprimées à Praque, en 1757.

II. — *Probabilisme.*

2° Le *Probabilisme* enseigné par Henriquez, en 1600; par Tolet, en 1601 et 1630; par Salas, en 1607; par Suarez, en 1608; par de Valence, en 1609; par Sanchez, en 1614 par Conink, en 1619; par Reginald, en 1620; par Vasquez, en 1620; par Fagundez, en 1626; par Laymann, en 1627; par Castro-Palao, en 1631; par Filliucius, en 1633; par Baldel, en 1637; par Amicus, en 1640; par Caussin, en 1644, par Martinon, en 1646; par Escobar, en 1652; par de Lessau, en 1655 et 1656; par Poignant, en 1656 et 1657; par Tambourin, en 1659; par Jean de Lugo, en 1660; par Scildere, en 1664; par Guimenius (Moya), en 1664; par Terillus, en 1669; par Fabri, en 1670; par de Rhodes, en 1671; par Platel, en 1679, par Gobat, en 1700; par Cardenas, en 1702; par Perrin, en 1710; par Casnedi, en 1711; par les soi-disant jésuites de Reims, en 1718; par Marin, en 1720; par Cabrespine, en 1722; par Charli, en 1722; par Daniel, en 1724; par Taberna, en 1736; par Arsdekin, en 1744; par Deschamps, en 1749; par Fegeli, en 1750; par Zaccheria, en 1750 et 1753; par Gagna, en 1753; par Gravina, en 1752 et 1754; par Balla en 1753 et 1755; par Carpani, en 1753 et 1755; par ledit Zaccheria, en 1755; par Stoz, en 1756; par Ghezzi, en 1756; par ledit Zaccheria, en 1757, par Busembaum et Lacroix, en 1757; par Muszka, en 1757; par Reuter, en 1758; par Trachala, en 1759; tous membres de ladite Société.

III. — *Péché philosophique.* — *Ignorance invincible.* — *Conscience erronnée.*

3° L'enseignement du système du *Péché philosophique,* de

l'*Ignorance invincible*; même de la *Loi naturelle et divine*, et de la *Conscience erronée*, servant d'excuse à tous genres de crimes, constamment soutenu depuis 1607 jusques et compris 1761, savoir : par Salas, en 1607 ; par Sanchez, en 1614 ; par Reginald, en 1620 ; par Laymann, en 1627 ; par Filliucius, en 1633 ; par Jean de Lugo, en 1633 ; par Dicastille, en 1641 ; par Caussin, en 1644 ; par Escobar, en 1656 ; par Tambourin, en 1659 ; par de Rhodes, en 1671 ; par Pomey, en 1675 ; par Platel, en 1678 et 1679 ; par de Bruyn, en 1687 ; par Bonucci, en 1704 ; par Perin, en 1710 ; par Casnedi, en 1711 ; par Georgelin, en 1717 ; par les soi-disant jésuites de Reims, en 1718 ; par Mingrival, en 1719 ; par les soi-disant jésuites de Caen, en 1719 et 1720 ; par Marin, en 1720 ; par Simonnet, en 1721 ; par Charli, en 1722 ; par Cabrespine, en 1722 ; par le Moyne, en 1725 ; par les soi-disant jésuites de Caen, en 1726 et 1729 ; par Busserot, en 1732 ; par Taberna, en 1736 ; par les soi-disant jésuites de Paris, en 1737 ; par Bougeant, en 1741 ; par Arsdekin, en 1744 ; par Fegeli, en 1750 ; par Muszka, en 1756 ; par Stoz, en 1756, par autre ouvrage dudit Muszka, en 1757 ; par Busenbaum et Lacroix, en 1757 ; par Trachala, en 1759 ; par les soi-disant jésuites de Bourges, en 1760 ; par les soi-disant jésuites de Caen, en 1761.

IV. — *Simonie et Confidence.*

4° La morale concernant la *Simonie* et *Confidence*, enseignée depuis 1590 jusques et y compris 1759, savoir : par Sa, en 1590 ; par Tolet, en 1601 ; par de Valence, en 1609 ; par Reginald, en 1620 ; par Filliucius, en 1533 ; par Longuet, en 1654 et 1655 ; par Poignant, en 1656 et 1657, par Escobar, en 1663 ; par Fabri, en 1670 ; par Taberna, en 1736 ; par Arsdekin, en 1744 ; par Laymann, en 1748 ; par Busembaum et Lacroix, en 1757 ; par Trachala, en 1759.

V. — *Blasphème.*

5° La morale concernant le *Blasphème*, enseignée pendant

le cours du siècle passé et du siècle présent, savoir : par Amicus, en 1640 ; par Bauni, en 1653 ; par Casnedi en 1711 ; par Fegeli, en 1750 ; par Stoz, en 1756.

VI. — *Sacrilége.*

6° La morale concernant le *Sacrilége*, enseignée par François de Lugo, en 1652 ; par Gobat, en 1700 et 1701.

VII. — *Magie et Maléfice.*

7° La morale concernant la *Magie* et le *Maléfice*, enseiguée depuis 1663 jusqu'à 1759, savoir : par Escobar, en 1663 ; par Taberna, en 1736 ; par Arsdekin, en 1744 ; par Laymann, en 1748 ; par Trachala, en 1759.

VIII. — *Astrologie.*

8° La morale concernant l'*Astrologie*, enseignée par ledit Arsdekin, en 1744 ; par Busembaum et Lacroix, en 1757.

IX. — *Irréligion.*

9° L'enseignement concernant l'*Irréligion* de tous les genres, publié depuis 1607 jusques et compris 1759, savoir : par Salas, en 1607 ; par Suarez, en 1621 ; par Gordon, en 1634 ; par Alagona, en 1620 et 1635 ; par le livre desdits soi-disant jésuites de la province de Flandre, intitulé *Imago primi sœculi Societatis Jesu*, en 1640 ; par Antoine Sirmond, en 1641 ; par Caussin, en 1644 ; par Adam, en 1650 ; par Escobar, en 1652 ; par de Lessau, en 1655 et 1656 ; par Tambourin, en 1659 ; par Guimenius (Moya), en 1664 ; par Estrix, en 1672 ; par Pomey, en son petit *Catéchisme théologique*, en 1675 ; par les nouveaux éloges donnés audit *Catéchisme* par Zaccheria, en 1754 ; par Platel, en 1680 ; par de Bruyn, en 1687, par les thèses des soi-disant jésuites de Caen, en 1693 ; par Gobat, en 1701 ; par Cardenas en 1702 ; par Francolin ; en 1707 ; par Casnedi, en 1711 ; par les thèses des soi-disant jésuites de Caen, en 1719 ; par Marin, confesseur de

Louis-Philippe, infant d'Espagne, en 1720; par Cabrespine, dans ses cahiers dictés à Rhodez, en 1722; par le Moyne, dans ses cahiers dictés à Auxerre, en 1725, par Simonnet, en 1726; par Berruyer, en 1728, 1733 et années suivantes; par Hardouin, en 1741; par Oudin, en 1743; par Pichon, en 1745; par autre ouvrage de Berruyer, en 1753 et 1754; par Stoz, en 1756; par Muszka, en 1756; par Ghezzi, en 1756; par Busembaum et Lacroix, en 1757; par autre ouvrage de Berruyer, en 1758; par Reuter, en 1758; par Trachala, en 1759.

X. — *Idolâtrie.*

10° L'enseignement concernant l'*Idolâtrie* et *Superstition* en général, et spécialement l'enseignement et pratique desdites *Idolâtrie et Superstition* dans les missions chinoises et malabares, depuis 1614 jusqu'en 1745, établi par les livres de Vasquez, en 1614; de Fagundez, en 1640; par les suppliques des soi-disant jesuites à Rome, en 1756, et autres subséquentes; par leurs apologies publiées par le Comte, en 1697; par l'acte d'appel des desdits soi-disant jésuites, en 1707; par Jouvency, en 1710, indépendamment des autres actes, pièces, décrets, brefs et bulles ci-après énoncés jusques et compris la bulle de 1745.

XI. — *Impudicité.*

11° L'enseignement concernant l*'Impudicité*, publié par lesdits soi-disant jésuites depuis 1590, jusques et compris 1759, savoir : par Sa, en 1590; par Corneille de la Pierre, en 1622, par Castro-Palao, en 1631; par Gaspard Hurtado, en 1633; par Gordon, en 1634; par Dicastille, en 1641; par Escobar, en 1652 et 1663; par de Lessau, en 1655 et 1656; par Tirin, en 1668; par Gobat, en 1700; par Charli dans ses cahiers dictés à Rhodez, en 1722; par Taberna, en 1736; par Sanchez, en 1739; par Fegelli, en 1750; par Busembaum et Lacroix, en 1757; par Trachala, en 1759.

XII. — *Parjnre, Fausseté, Faux témoignage.*

12° L'enseignement concernant le *Parjure, Fausseté,*

Faux témoignage, depuis 1390 jusqu'en 1761, savoir : par Sa, en 1590 ; par Tolet, en 1601 ; par Eudemon-Jean, en 1610 ; par Suarez, en 1614 ; par Sanchez, en 1614 ; par Reginald, en 1620 par Lessius, en 1628 ; par le *Manuel des Congrégations* à l'usage des écoliers desdits soi-disant jésuites, en 1633 ; par Filliucius, en 1633 ; par Gordon, en 1634 ; par Castro-Palao, en 1638 ; par Fagundez, en 1640 ; par Dicastille, en 1641 ; par François de Lugo, en 1652 ; par Escobar, en 1652 et 1663 ; par Platel, en 1680 ; par Gobat, en 1701 ; par Cardenas, en 1702 ; par Casnedi, en 1719 ; par Marin, en 1720 ; par Charli, dans ses cahiers dictés à Rhodez, en 1722 ; par Taberna, en 1736 ; par Laymann, en 1627 et 1748 ; par Fegeli, en 1750 ; par Tambourin, en 1659 et 1755 ; par Stoz, en 1756 ; par Busembaum et Lacroix, en 1757 ; par Reuter, en 1758 ; par Antoine, en 1761.

XIII. — *Prévarications des juges.*

13° L'enseignement en ce qui concerne les *Prévarications des juges*, par Fabri, en 1670 ; par Taberna, en 1756 ; par Laymann, éditions de 1627 et 1748. par Fegeli, en 1750 ; par Busembaum et Lacroix, en 1757.

XIV. — *Vols, Compensations occultes, Recélés, etc.*

14° L'enseignement concernant les *Vols, Compensations occultes, Recélés*, etc., continué depuis 1590 jusques et compris 1761, par Sa, en 1590 ; par Tolet, en 1601 ; par Rebel, en 1608 ; par Reginald, en 1620 ; par Granados, en 1624 ; par Filliucius, en 1663 ; par Gordon, en 1634 ; par Alagona, en 1620 et 1635 ; par Fagundez, en 1640 ; par Dicastille, en 1641 ; par Amicus, en 1642 ; par les preuves résultantes de l'interrogatoire de Jean Alba, en 1647 ; par Jean de Lugo, en 1652 ; par Bauny, en 1653 ; par Longuet, en 1654 et 1655 ; par de Lessau, en 1655 et 1656 ; par Escobar, en 1663 ; par Moya sous le nom de Guimenius, en 1664 ; par Cardenas, en 1702 ; par Casnedi, en 1711 ; par Marin, en 1720 ; par Charli, en ses cahiers dictés à Rhodez, en 1722 ; par le Moyne, en ses cahiers dictés à Auxerre, en 1725; par Molina, éditions de 1602 et 1733; par Taberna, en 1736; par Laymann, éditions de 1627 et 1748; par Fegeli, en 1750; par Tambourin, éditions de 1649 et 1755; par Stoz, en 1756; par Busembaum et Lacroix, en 1757; par Reuter, en 1758; par Trachala, en 1759; par Antoine, éditions de 1745 et 1761.

XV. — *Homicide.*

15° L'enseignement concernant l'*Homicide*, aussi continué depuis 1590 jusques et compris 1761, savoir : par Sa, en 1590; par Henriquez, en 1600; par Rebel, en 1608; par de Valence, en 1609; par Azor, en 1612; par Reginald, en 1620; par Tanner, en 1627; par Lessius, en 1628; par Filliucius, en 1633; par Gaspard Hurtado, en 1633; par Baldel, en 1637; par Fagundez, en 1640; par Dicastille, en 1641; par Amicus, en 1642; par Ayrault, dans ses cahiers dictés à Paris en 1644; par Jean de Lugo, en 1652; par Bauny, en 1653; par Longuet, dans ses cahiers dictés à Amiens en 1654 et 1655, par de Lessau, dans ses cahiers aussi dictés à Amiens en 1655 et 1656; par Escobar, en 1663; par Moya sous le nom de Guimenius, en 1664; par Fabri, en 1670; par Pomey, en son Catéchisme, en 1675; par Platel, en 1679 et 1680; par de Bruyn, en une thèse, en 1687; par Cardenas, en 1702; par Casnedi, en 1711; par Marin, en 1720; par Charli, en ses cahiers dictés à Rhodez, en 1722; par Molina, éditions de 1609 et 1733; par Taberna, en 1736; par Leymann, éditions de 1627 et 1748; par Fegeli, en 1750; par Tambourin, éditions de 1659 et 1755; par Busembaum et Lacroix, en 1757; par Antoine, éditions de 1745 et 1761.

XVI. — *Parricide et Homicide.*

16° L'enseignement concernant le *Parricide* et *Homicide*, par Dicastille, en 1641; par Escobar, en 1663; par Gobat, en 1700; par Casnedi, en 1719; par Stoz, en 1756.

XVII. — *Suicide et Homicide.*

17° L'enseignement en ce qui concerne le *Suicide* et *Ho-*

micide, par Laymann, éditions de 1627 et 1648; par Busembaum et Lacroix, en 1757.

XVIII. — *Lèze-majesté et Régicide.*

18° L'enseignement et pratique d'attentat à l'autorité et à
la vie des rois, par les membres de ladite Société, tant ceux
dont les ouvrages ont déjà été flétris par les précédents arrêts
de la cour, qu'autres auteurs et leurs apologistes, leurs aveux
et autres pièces juridiques, desquels la tradition se continue
depuis 1590 jusques et compris 1559, savoir : par Sa, en 1590;
par Delrio, en 1593; par Philopater autrement Persons, en
1593; par Bridewater, en 1594; par Berlarmin, en 1596; par
Salmeron, en 1602; par de Valence, en 1603; par Tolet, en
1603 ; par Varade, Guignard et Odon Pigenat, suivant les remontrances de la cour, de ladite année 1603; par autre ouvrage dudit Salmeron, de 1604; par Mariana, en 1605; par
Scribanius sous le nom de Bonarscius, en 1606; par Azor, en
1607; par Ozorius, en 1607 ; par attentats successsifs de Holte
et de Creswel, de Parsons, de Walpole, de Baldewin, de Ge-
rard, de Tesmond dit Greenwel, de Hall dit Oldecorne, de
Garnet, ainsi qu'il résulte du procès fait audit Garnet, en
l'annéé 1607; par Heissius, apologiste de Mariana, en 1609;
par autre ouvrage dudit Bellarmin, en 1610; par Eudemon
Jean, apologiste des coupables de la Conjuration des Poudres,
en 1610; par Keller, en 1611; par Serrarius, en 1611; par Salas, en 1611; par Vasquez, en 1612; par Benoît Justinien, en
1612; par Suarez, en 1614; par Lorin, en 1617; par Lessius, en
1617; par Fernandius, en 1617 ; par ledit Tollet, en un autre
ouvrage imprimé en 1601; 1618, 1619; par Sanctarel, en
1625; par Tanner, en 1627; par Corneille de la Pierre, en
1627; par ledit Lessius, en 1628; par Castro-Palao, en
1631; par Becan, en 1633 ; par autre ouvrage dudit Becan,
en 1634; par Gordon, en 1644; par Alagona, en 1620 et
1635; par l'ouvrage desdit soi-disant jésuites de la province
de Flandre, intitulé *Imago primi sœculi Societatis Jesu*, en
1640; par Dicastille, en 1641; par Ayrault, en ses cahiers

dictés au collége de Paris, en 1644; par Bauny, en 1653; par Jean de Lugo, en 1656; par Pirot, en son apologie des casuistes, en 1657 ; par Escobar, en son livre de la *Théologie morale*, imprimé quarante-deux fois, et singulièrement en 1656 et 1659; par Platel, en 1679; par Comitolus, en 1709; par Jouvency, en 1710; par Davrigny, en 1720; par Berruyer, en 1728; par Turselin, en 1731; par Molina, éditions de 1602 et 1733; par Taberna, en 1736; par Gretzer, en 1636; par autre ouvrage dudit Gretzer, en 1738; par la Sante, en 1741; par Leymann, en 1748; par Muszka, en 1756; par plus de cinquante éditions de Busembaum, dont la dernière, ensemble des annotations de Lacroix son commentateur, en 1757; par les annotateurs, éditeurs et panégyristes dudit Busembaum, savoir : par les soi-disant jésuistes journalistes de Trévoux, en leur journal du mois d'août 1729; par Colonia, en 1730, et suivant lesdits journalistes et ledit Colonia ; par Collendall et par Montauzan, en différents temps; par Zaccheria, en 1749; par Fegeli, en 1750; par Dessus-le-Pont, autre panégyriste desdits Busembaum et Lacroix, en 1758; suivant la sentence du présidial de Nantes, du premier août 1759; par Mamaki, suivant l'arrêt du parlement séant à Rouen, le 2 avril 1759; et enfin mis en pratique par Malagrida, Matos et Alexandre, en Portugal, suivant le jugement du 12 janvier 1759, rendu par la junte de l'Inconfidence, dûment légalisé et déposé au greffe de la cour, le 5 mars dernier.

Approbations par les Docteurs de ladite Société. — Provinciaux. — Généraux. — Catalogues.

Approbation de chacun desdits livres 1° par trois théologiens de ladite Société à ce commis, et quant à aucuns d'iceux, nommément par Chateau-Branc, Gowea, de la Croix, Reynauld, Gibalin, Dulieu, Palavicin de Saint-Rigaud, Ganterot, de la Chaise, Violet, Tiram, le Bras, Alby, Roi, Maturus, Furtado, Alvarado, Albert Hungerus, tous lecteurs, docteurs et censeurs de ladite Société; 2° en outre, par Tollenar, Mayr, Richeome, Jacquinot, Suffren, Gusman, Charlet,

2

Mundbrot, de Vegas, Boniol, Summerecker, de Bugis, Godefre, Richard, Antoine, Pimentel, de Ibarra, Lichiana, Bomplan, de Clein, de Clar, Granon, Preumonteau, de Egues, Nicolas Dias, Tavarès, Dirckes, Burckart, Truchses, Dirkink, Milliet, Caetan, Balduc, Flamen, Charon, Lavaud, Huth, Rumer, de Lingendes, Van-Schoone, la Guille, Bernard Gorrez, Dozenne, le Picard, Agrado, Judoc, Scheren, Michel, Capanus, Galarça, Armand, de Los Cobos, Rosephius, Alvarus, Pereira, Copper, Millei, Confalonnier, Mascarenhas, Manaré Hojeda, Busée, tous provinciaux et visiteurs de ladite Société ; 3° Tous les susnommés autorisés pour lesdites approbations par Aquaviva, Vitelleschi, Gonzalès, Nichel, Oliva, Picolomini, Caraffe, Tambourin, Retz et Noyell, tous généraux de ladite société, ainsi qu'il est mentionné dans lesdits extraits, et conformément à ce qui est prescrit pour l'édition des livres des auteurs de ladite Société, tenue en 1756; 4° Lesdits livres desdits soi-disant jésuites, inscrits à l'époque de leurs éditions, et avec les plus grands éloges dans les différents catalogues que ladite Société a fait faire successivement, de ceux de ses écrivains dont elle entend honorer la mémoire, et aucuns desdits susnommés (lesquels auraient été suppliciés pour attentats à la personne des souverains) placés ès-dits catalogues, dans le chapitre et au rang des martyrs de la foi, savoir : dans le catalogue qui a pour auteur Pierre Ribadeneira, théologien de ladite Société, imprimé en 1613, avec approbation de Ferdinand Lucerus, vice-provincial ; dans celui qui a pour auteur Philippe Alegambe, de ladite Société, imprimé en 1643, avec approbation souscrite par Mutio Vitelleschi, général ; et dans le dernier desdits catalogues qui a pour auteur Nathanael Sotuel, de ladite Société, imprimé en 1675, avec permission souscrite par Paul Oliva, aussi général de ladite Société.

Arrêt du 5 Mars 1762, par lequel, pour aucunes considérations mentionnées en icelui, notredite cour aurait ordonné que lesdits extraits et assertions perséveramment soutenues par lesdits soi-disant jésuites, les traductions desdits extraits seraient portés au roi, imprimés et envoyés aux archevêques et évêques du ressort, et ledit seigneur roi très-humblement supplié de considérer ce qui résulte d'un enseignement aussi pernicieux, combiné avec ce que prescrivent les règles et les constitutions desdits soi-disant jésuites, sur le choix et uniformité des sentiments et opinions dans ladite Société.

Arrêté du 15 février 1762, portant qu'il sera écrit par notre procureur-général aux universités et facultés de théologie du ressort, à ce qu'elles aient à envoyer au greffe de notredite cour les censures, même les dénonciations intervenues ès-dites universités et facultés contre la doctrine des soi-disant jésuites.

Autres points de morale, Dogme, Discipline.

Autre arrêté du 9 mars 1762, portant qu'il sera nommé commissaires à l'effet d'examiner lesdites censures et dénonciations.

Dénonciations, avis doctrinaux, censures, ordonnances épiscopales, lettres pastorales, mandements, décrets des congrégations et des papes, brefs, lettres apostoliques, bulles et autres suffrages et témoignages rendus, tant contre lesdits auteurs dénommés auxdits extraits et sur les points de morale qui y sont traités, que contre autres de ladite société, et sur autres points de morale, de dogme et de discipline enseignés en ladite société, notamment sur ce qui concerne l'ivresse, les injures, le duel, la charité, la correction fraternelle, la messe, la communion, l'usure, le mensonge, l'office canonial, les impôts, le jeûne, la pénitence, les censures, les vœux, les peines du purgatoire, les plaisirs des sens, les quatre articles de l'assemblée du clergé de 1682, le rapport des actions à Dieu, la calomnie, les donations frauduleuses, l'autorité des canons et des Pères, la direction d'intention, le scandale, l'aumône, la puissance paternelle, la manière d'entendre la messe, l'occasion prochaine du péché, la crainte des peines temporelles, la confession, l'absolution, le sacrement de l'ordre, l'examen des ordinans, l'impénitence des religieux, la crapule, la nécessité de la foi, le second commandement, le contrat Mohatra, l'adultère, l'observation des fêtes, le précepte d'ouïr la messe, la fréquente communion, les péchés d'habitude, l'abstinence, les priviléges des réguliers, l'exécution des fondations, la récitation de l'office divin, l'honoraire des messes, les cas réservés, les abus du sacrement de pénitence, l'inceste spirituel, la rébellion contre les lois des souverains.

Censures, Qualifications.

Sur tous lesquels objets et autres, lesdites dénonciations et censures auraient noté et condamné la morale et doctrine enseignées dans ladite société, sous différentes qualifications, et entre autres, comme téméraires, fausses, erronnées, scandaleuses, remplies d'arrogance et d'orgueil, s'éloignant de la signification propre des termes de l'Ecriture, y substituant des termes allégoriques, productions d'un délire pernicieux, conduisant à l'*hypocrisie*, cachant des piéges sous l'apparence d'un zèle sincère pour la foi, détruisant le précepte évangélique sur l'*aumone*, éludant par de mauvaises ruses les lois du *jeûne*, se jouant des *commandements de l'Eglise*; propres à séduire les simples, et ôtant à la bienheureuse Marie le titre qui lui est dû de Mère du Fils de Dieu ; favorisant l'*impiété* et le *sacrilége;* conduisant à l'impénitence finale, conduisant à l'*hérésie* et au *schisme;* tendant à décharger les fidèles des principaux devoirs du christianisme; propres à leur donner du mépris et du dégoût pour le pain eucharistique, sous prétexte de leur fournir les moyens de le recevoir souvent, capables d'inspirer de la témérité aux pécheurs, une lâche complaisance aux confesseurs, et de multiplier les *communions indignes et sacriléges;* rendant inutile le *premier et grand commandement*, et éteignant l'esprit de la loi évangélique; impies, blasphématoires, favorisant les ennemis de la religion chrétienne, ouvertement contraires aux préceptes de l'Evangile et des apôtres, et hérétiques.

Favorables au schisme des Grecs, attentatoires au dogme de la procession du Saint-Esprit; favorisant l'*Arianisme*, le

Socinianisme et le *Sabellianisme ;* propres à exprimer les erreurs *Ariennes* et *Sociniennes ;* expressives de l'hérésie de *Nestorius ;* entièrement *Nestoriennes* et hérétiques ; pires que le *Nestorianisme ;* ébranlant la certitude d'aucuns dogmes sur la hiérarchie, sur les rites du sacrifice et du sacrement ; renversant l'autorité de l'Eglise et du siége apostolique, et favorisant les *Luthériens,* les *Calvinistes* et autres novateurs du seizième siècle, et blasphématoires contre le Saint-Esprit ; introduisant sous un autre nom et par l'artifice d'une direction d'intention l'*hérésie de la Simonie ;* offrant, dans l'interprétation des Ecritures, des sens *hérétiques,* et affaiblissant en faveur des *Ariens* et des *Sociniens* les arguments qui se tirent du premier chapitre de saint Jean, et de tous les textes de l'Evangile qui établissent la divinité de Jésus-Christ ; perturbatrices de l'ordre hiérarchique, injurieuses à la dignité épiscopale, combattant l'ancienne institution des paroisses, ressentant l'hérésie de *Wiclef ;* renouvellant les erreurs de *Ticonius,* des *Semi-Pélagiens,* de *Cassien,* de *Fauste,* des *Marseillais* et restes des *Pélagiens,* ajoutant le blasphême à l'hérésie.

Calomnieuses contre les chrétiens, superstitieuses, injurieuses aux *saints Pères* et aux interprètes catholiques ; éversives de la tradition, injurieuses aux *apôtres* et aux fidèles des premiers siècles, et induisant une très-perverse explication du Symbole des apôtres ; affaiblissant la satisfaction et les mérites de Jésus-Christ, et les prérogatives de la nouvelle loi, s'appuyant sur un principe *pélasgien,* déprimant l'adoption et la religion des anciens justes ; faisant injure à ces mêmes saints, quels qu'ils soient, à *Abraham,* aux *Prophètes,* à saint *Jean-Baptiste,* outrageuses et blasphématoires contre la *bienheureuse Vierge* Mère de Dieu ; tournant en dérision les actes des saints Pères, injurieuses aux *Anges,* outrageuses envers *Jésus-Christ,* impies ; pleines d'outrages contre le *Dieu rémunérateur* et contre le nom du *Christ médiateur ;* conduisant à l'oubli de la *Foi* et de l'*Evangile ;* détruisant la définition de la foi donnée par l'apôtre ; suspectes de rejeter les voies de reconnaître et prouver par l'Ecriture-Sainte, contre les hérétiques, le mystère de la *sainte Trinité*; abusant, au détriment de la foi, de plusieurs passages de l'Ecriture-Sainte, ôtant aux preuves du dogme de l'Ecriture-Sainte toute leur force, contraires aux Ecritures, aux saints Pères, aux théologiens, à l'Eglise universelle, à la raison et au respect dû à la Parole de Dieu écrite; interdisant à l'Eglise les voies de discussion propres à convaincre et à réduire les hérétiques, et usitées dans tous les siècles; affaiblissant l'autorité de l'Eglise, injurieuse à toute l'Eglise, *schismatiques*, abaissant et brisant l'autorité du premier texte du Nouveau-Testament et de l'édition de la Vulgate; ébranlant les fondements de toute la *foi chrétienne*, et l'exposant aux dérisions des impies; contraires à la *Doctrine de l'Eglise* sur les deux seuls avènements de Jésus-Christ; diminuant la nécessité de la religion chrétienne; destructives de la foi de la *divinité de Jésus-Christ*, dégradant et renversant la religion; infectées de *Nestorianisme*, contredisant les *Symboles de la foi*, ouvertement opposées aux *Symboles de Nicée et de Constantinople*, proscrites par le sixième concile; attaquant le *mystère de la Rédemption...* méprisant le sentiment des saints Pères; éversives des *mystères de la Trinité et de l'Incarnation*; contraires à la foi de tous les siècles; propres aux seuls ennemis de la divinité de *Jésus-Christ*; interprétations bâtardes des Ecritures; destructives de la *règle de foi*; trahissant la cause de la foi catholique, sous prétexte de la défendre avec plus de zèle; attentatoires à la divinité de *Jésus-Christ*, à ses augustes qualités de Sauveur, de Messie, de Pontife, à la vérité du péché originel; favorisant l'impiété des *Déistes*; tendant à affaiblir et à obscurcir les principales preuves de la vérité de la religion chrétienne et du dernier jugement.

Ôtant à la nouvelle loi sa perfection, et aux nations réunies en Jésus-Christ leur fraternité; ouvrant la voie d'excuser et atténuer les péchés de tout genre, et l'imputant à saint Augustin; rendant arbitraire la théologie morale, et préparant la voie à l'affermissement des opinions et traditions humaines contre la défense de Jésus-Christ; au mépris de la vérité, référant au nombre des auteurs la décision des questions de morale ; ouvrant des voies innombrables à la corruption ; préparant, par l'iniquité des préjugés, l'oppression de la vérité évangélique ; établissant une nouvelle règle de mœurs et un nouveau genre de prudence, fruit détestable de la probabilité corrompant les bonnes mœurs ; excusant les blasphèmes et autres péchés, excusant les *parjures* ; résistant contre le commandement de Dieu à la puissance publique ; ouvrant une large porte aux *calomniateurs* et *imposteurs*, et manifestant combien d'opinions scélérates s'introduisent à titre de probabilité ; doctrine à renvoyer à l'école d'Epicure, ressentant l'*Epicurisme*, apprenant aux hommes à vivre en bête, et aux chrétiens à vivre en payens ; offensives des oreilles chastes et pieuses, nourrissant la concupiscence et induisant à la tentation et aux plus grands péchés ; éludant la loi divine par de fausses vérités, des sociétés simulées, et autres artifices et fraudes de ce genre ; palliant l'*usure*, induisant les juges à la prévarication ; propres à fomenter des artifices diaboliques ; troublant la paix des familles, ajoutant l'art de tromper à l'iniquité du *vol*, ouvrant le chemin au *vol*, ébranlant la fidélité des domestiques ; ouvrant la voie au violement de toutes les lois, soit civiles, ecclésiastiques ou apostoliques ; injurieuses aux souverains et aux gouvernements, et faisant dépendre de vains raisonnements et systèmes, la vie des hommes et la règle des mœurs ; excusant la *vengeance* et l'*homicide* ; approuvant la cruauté et les vengeances personnelles, contraires au second commandement de la charité, et étouffant même dans les pères et les enfants tous sentiments d'humanité ; *exécrables*, contraires à l'amour filial, ouvrant le chemin à l'*avarice* et à la *cruauté* ; propres à procurer des *homicides* et *parricides* inouïs ; ouvertement opposées au décalogue, protégeant les *massacres*, menaçant les magistrats et la société humaine d'une perte certaine ; contraires aux maximes de l'Evangile, aux exemples de Jésus-Christ, à la doctrine des apôtres, aux opinions des saints Pères, aux décisions de l'Eglise, à la sûreté de la vie et de l'honneur des *Princes*, de leurs ministres et des magistrats, au repos des familles, au bon ordre de la société civile ; *séditieuses* ; contraires au droit naturel, au droit divin, au droit positif et au droit des gens; aplanissant la voie au fanatisme et à des carnages horribles; perturbatives de la société des hommes, *créant contre la vie des rois un péril toujours présent,* doctrine dont le venin est si dangereux, et qui ne s'est que trop accrédité par *les sacriléges effets qu'on n'a pu voir sans horreur* (1).

Universités et Facultés.

Le tout ainsi qu'il est expliqué et plus au long détaillé esdites dénonciations et censures, savoir, par les censures de la faculté de Douai, faites sur la demande et au désir des archevêques de Cambray et de Malines, évêque de Gand, en date du 20 janvier 1588; par autre semblable censure de la faculté de Louvain; par autre écrit de la même faculté. intitulé : *Justification ou défense, composé de l'ordre des évêques de Flandre, en réponse à l'apologie desdits soi-disant Jésuites,* ledit écrit en date du 17 août 1588; par le renouvellement de ladite censure de Louvain, le 30 juillet 1613; par autre écrit de ladite faculté, intitulé : *Vulpes capta,* de l'année 1649; par les plaintes de l'université de Cracovie portées à la diète générale de Pologne, et suivies du décret du 29 juillet 1627, par lequel ladite diète ordonna auxdits soi-disant Jésuites de fermer leurs écoles; par la lettre de ladite université de Cracovie, du 4 mai 1626, adressée à l'université de Louvain; par la censure de l'université d'Angers, du 23 juin 1626, par la censure de l'université de Bourges, du dernier novembre 1626; par autres de l'université de Reims, des 18 mai 1626, 12 mars, 6 avril et 4 juillet 1718; par la censure de

---

(1) Voy. lesd. qualifications dans les Pièces ci-après visées, entr'autres dans les Censures de l'Assemblée générale du Clergé de 1700, Mémoires du Clergé, *Tom.* 1, depuis la page 716 jusqu'à la page 741 : dans les Vœux des Députés de la Faculté de Théologie de Paris, sur l'examen de l'*Histoire du Peuple de Dieu,* adopté par un Décret de ladite Faculté; dans les Mandements des Archevêques et Evêques; de Paris, des 30 Janv. 1631 et 23 Août 1658; d'Evreux, du 15 Janvier 1659; de Vence, du 6 mai de la même année; d'Elvas, du 19 Janvier 1759; de Soissons, du 1 Août de la même année; et dans les Censures de la Congregation *de Auxiliis,* du 29 Novembre 1601, et autres subséquentes,

la faculté de théologie de Poitiers, du 21 juin 1665; décret de ladite faculté, du 14 novembre de ladite année; autre, dénonciations et censures de ladite faculté, des 16, 23 juillet, 18 août 1717, 1 mars 1760, 2 novembre 1661, et 1 février 1762; par les dénonciations et censures de la faculté de théologie de Paris, des 1ᵉʳ décembre 1554, 3 juin 1575, 1 février 1611, 2 mars 1626, 1 avril 1626, 1, 3, 4 et 5 février 1631, 1 septembre 1632, 15 juin et 1 juillet 1641, 4 novembre 1645... 1648, 15 juillet 1658, 3 février 1665, 19 octobre 1700, 5 juin, 14 et 27 septembre 1717, 13 août 1722, 2 janvier 1754, et par les vœux de ladite faculté, imprimés en 1761, confirmés par les conclusions de ladite faculté, des 17 mars, 5, 12 et 28 mai, 18, 25 et 28 juin 1762.

Curés.

Autres dénonciations et censures portées par requêtes et plaintes des curés de différents diocèses, contre la morale et la doctrine desdits soi disant-jésuites; savoir, requête de 28 curés de Rouen, du 28 août 1656; avis des curés de Paris, du 13 septembre 1656; requête des curés de Rouen à l'official de leur diocèse, du 26 octobre 1656; remontrances des curés de Paris à l'assemblée générale du clergé, en date du 24 novembre 1656; factum de 26 curés de Rouen, contenant dénonciation à leur archevêque, en date du 14 janvier 1658; factum et neuf autres écrits des curés de Paris, en date des 1ᵉʳ février, 7 et 23 mai, 11 juin et 24 juillet 1658, 8 février, 5 et 25 juin et 10 octobre 1659; requête présentée par trente-un curés de Paris dans le mois de février 1658, aux vicaires-généraux du cardinal de Retz, leur archevêque; lettre des curés de Rouen à leur archevêque, en date du 3 mai 1658; requête signée de neuf curés de Nevers à leur évêque, en date du 5 juillet 1658; requête et factum des curés d'Amiens, présentés à leur évêque, en date des 5 et 27 juillet 1658; requête de trois cent quatre curés du diocèse de Beauvais, présentée à leur évêque le 10 juillet 1658; requête des curés de la ville et faubourgs de Sens, du 2 août 1658; présentée à leur archevêque ; requête de huit curés d'Evreux à leur évêque, en date du 21 septembre 1658 ; requête de 21 curés d'Angers, du 4 novembre 1658 ; requête de dix curés de la ville et banlieue de Lizieux, du 1er février 1659 ; requête des syndics, doyens et curés du diocèse de Lisieux, du 5 desdits mois et an.

Archevêques et Évêques.

Autres censures portées aux mandements, lettres pastorales, ordonnances et autres actes émanés des archevêques et évêques contre la doctrine de ladite Société, régime et comportement d'icelle, savoir : Avis d'Eustache de Bellay, évêque de Paris, des années 1554 et 1561, sur l'établissement de ladite Société ; lettres de S. Charles Borromée, cardinal et archevêque de Milan, des 12 mars 1578, 27 mars, 16 et 29 avril 1579 ; lettre de César Spetiano, chanoine de Milan, depuis évêque de Novare, audit S. Charles, du 12 mai 1579 ; lettre du cardinal Baronius à l'archevêque de Vienne, du 15 mars 1603 ; ordonnance de Henri-Louis Cassagnier de la Rochepozai, évêque de Poitiers, du 23 mai 1620 ; ordonnance de Guillaume-le-Prêtre, évêque de Cornouailles, du 27 mars 1625 ; censure de Jean-François de Gondi, archevêque de Paris, et ordonnance du même, du 30 janvier 1631 ; lettre du vénérable Jean de Palafox de Mendoza, évêque d'Angelopolis, au pape Innocent X, en date du 8 janvier 1649, commençant par ces mots : *Beatissime pater, sacris tuæ Sanctitatis pedibus humiliter prævolutus*, et finissant par ceux-ci : *tuamque Sanctitatem protegat et gubernet* ; ladite lettre, ainsi que les autres écrits dudit évêque, examinée par la congrégation des rites du 9 décembre 1760, et visée dans le décret de ladite congrégation, confirmée par le pape le 16 desdits mois et an, qui aurait jugé, ouï le promoteur de la foi, et de l'avis unanime de tous les vocaux, tous lesdits écrits ne rien contenir de contraire à la foi ou aux bonnes mœurs, ni aucune doctrine nouvelle ou étrangère ou opposée au sentiment commun et usages de l'Eglise, et n'empêcher qu'il soit passé outre à l'examen du procès de canonisation dudit serviteur de

Dieu ; ordonnance de Louis-Henri de Gondrin, archevêque de Sens, du 4 mai 1650 ; réponse à la lettre circulaire de l'assemblée du clergé, par Jacques de Pont-Carré, évêque de Séez, du 29 septembre 1650, Antoine Godeau, évêque de Grasse et de Vence, de la même année ; François de la Fayette, évêque de Limoges, du 30 septembre ; Jacques de Mont-Rouge, évêque de Saint-Flour ; du 25 octobre, Jacques Desclaux, évêque d'Acqs, du 30 octobre de ladite année 1650 ; Félix de Vialart, évêque de Châlons, du 13 janvier 1651 ; censure par Jean-François de Gondi, archevêque de Paris, du 29 décembre 1651 ; mandement de Louis-Henri de Gondrin, archevêque de Sens, du 8 février 1652 ; ordonnance dudit archevêque, du 25 janvier 1653 ; lettre de Jacques Boonen, archevêque de Malines, aux cardinaux inquisiteurs, du 17 juillet 1654 ; ordonnance d'Alphonse del' Bene, évêque d'Orléans, du 9 septembre 1656 ; avis doctrinal de Jean....... évêque d'Alonne, et autres vicaires-généraux commis par l'archevêque de Rouen, en date du 15 avril 1658 ; censure par Louis de Rechignevoisin de Guron, évêque de Tulle, du 18 avril 1658 ; censure par Alphonse del' Bene, évêque d'Orléans, du 4 juin 1658 ; censure et mandement des vicaires-généraux du cardinal de Retz, archevêque de Paris, des 23 août et 27 novembre 1658 ; ordonnance et censure par Louis-Henri de Gondrin, archevêque de Sens, des 3 et 4 septembre 1658 ; censure par Nicolas Pavillon, évêque d'Alet, François-Étienne de Caulet, évêque de Pamiers, Gilbert de Choiseul, évêque de Comminges, Samuel Martineau, évêque de Bazas, et Bernard de Marmiesse, évêque de Conserans, du 24 octobre 1658 ; censure par Eustache de Chery, évêque de Nevers, du 8 novembre 1658 ; ordonnance d'Henri Arnauld, évêque d'Angers, du 11 novembre 1658 ; lettre pastorale et ordonnance de Nicolas Choart de Buzanval, évêque de Beauvais, du 12 novembre 1658 ; censure par Alain de Solminhac, évêque de Cahors, du 24 décembre 1658 ; censure par François de Harlay, archevêque de Rouen, du 4 janvier 1659 ; censure par Gilles Bouteaux, évêque d'Evreux, du 15 janvier 1659 ; ordonnance d'Anne de Levy de Ventadour, archevêque de Bourges, du 6 février 1659, sur la remontrance de son promoteur; censure par Léonor de Martignon, évêque de Lisieux, du 10 mars 1659; lettre pastorale de Félix de Vialart, évêque de Châlons, du 12 mars 1659; lettre circulaire d'Anne de Levy de Ventadour, archevêque de Bourges, du 15 mars 1659, aux archevêques et évêques de sa métropolitaine primatie; lettre dudit archevêque à l'évêque de Mirepoix, son frère, du 28 mars 1659; lettre pastorale dudit archevêque, du 23 avril 1659; ordonnance d'Antoine Godeau, évêque de Vence, du 6 mai 1659, publiée dans son synode; lettre pastorale de Toussaint de Forbin de Janson, évêque de Digne, du 6 mai 1659, publiée durant le synode; ordonnance dudit Anne de Lévy de Ventadour, archevêque de Bourges, du 15 septembre 1659; seconde lettre pastorale dudit archevêque de Bourges, du 22 octobre 1659; ordonnance de Charles de Bourbon, évêque de Soissons, du 23 octobre 1659; troisième lettre pastorale dudit archevêque de Bourges, du 2 décembre 1659; ordonnance de Louis-Henri de Gondrin, archevêque de Sens, du 2 février 1668; lettre circulaire de François-Etienne de Caulet, évêque de Pamiers, du 21 février 1668; censure par Guy de Sève de Rochechouart, évêque d'Arras, du 7 novembre 1675; lettre de Charles Bruslart de Genlis, archevêque d'Embrun, du 28 juin 1686; lettre de Charles Maigrot, vicaire apostolique, et depuis évêque de C non dans les Indes, écrite au pape en date du 10 novembre 1693; ordonnance de Charles-Maurice le Tellier, archevêque de Rheims, du 15 juillet 1695, suivie de requête présentée par ledit archevêque au parlement, le 10 janvier 1698, et de l'acte du 23 janvier 1698, de satisfaction faite et signée du provincial et des supérieurs des trois maisons des soi-disant Jésuites de Paris; instruction pastorale de Guy de Sève de Rochechouart, évêque d'Arras, du 5 août 1695; lettre pastorale de Jacques-Nicolas Colbert, archevêque de Rouen, du 28 mars 1697; ordonnance de Henri Feydeau de Brou, évêque d'Amiens, du 29 avril 1697; ordonnance en forme d'instruction pastorale de Charles-Maurice le Tellier, archevêque de Rheims, du 15 juillet 1697; désaveu imprimé de l'ordre dudit archevêque, de propositions

soutenues dans le collége des soi-disant Jésuites, ledit désaveu en date du 21 août 1698; décret de l'inquisition d'Espagne, du 28 septembre 1698; mandement de Guy de Sève
de Rochechouart, évêque d'Arras, du 5 mai 1703; autre mandement dudit évêque, du 7 août 1703; mandement de Charles-Thomas Maillard, cardinal de Tournon, patriarche d'An-
tioche, commissaire apostolique et visiteur général, avec
pouvoir de légat *à latere* dans les Indes orientales, publié à
Nankin, le 7 février 1707; ordonnance des vicaires-généraux
de Tours, le siége vacant, du 8 août 1716; ordonnance de
Louis-Antoine, cardinal de Noailles, archevêque de Paris;
du 12 novembre 1716; mandement des vicaires-généraux de
Tours, le siége vacant, du 5 juin 1717; mandement de Fran-
çois-Armand de Lorraine, évêque de Bayeux, du 25 janvier
1722; autre mandement dudit évêque, desdits jour et an,
publié dans son synode tenu le 15 avril 1722; ordonnance
de Jean Armand de la Vove de Tourouvre, évêque de Rhodez, du 15 mars 1722; ordonnance dudit évêque de Rhodez,
du 19 octobre 1722; ordonnance et instruction pastorale de
Charles-Gabriel de Caylus, évêque d'Auxerre, du 18 septembre 1725; instruction pastorale dudit évêque d'Auxerre, du
1er mars 1727; lettre de Charles-Joachim Colbert, évêque de
Montpellier, au roi, en date du 29 juin 1728; ordonnance de
Charles-Gabriel de Caylus, évêque d'Auxerre, du 18 septembre 1728; lettre pastorale dudit évêque de Montpellier, du
30 décembre 1728; lettre dudit évêque d'Auxerre aux archevêques et évêques et autres députés de l'assemblée générale
du clergé, en date du 18 août 1730; ordonnance dudit évêque de Montpellier, du 1er mars 1731; ordonnance dudit
évêque d'Auxerre, du 25 avril 1733; instruction pastorale
de Jacques-Bénigne Bossuet, évêque de Troyes, du 1er juillet
1733; instruction pastorale dudit évêque de Troyes, du
1er février 1734; écrit de Jean-Joseph Languet, archevêque
de Sens, intitulé; *Remarques sur le livre de Jean Pichon,*
de,.... juin 1747; ordonnance et instruction pastorale de
Charles-Gabriel de Caylus, évêque d'Auxerre, du 27 septembre 1747; mandement de Louis-Jacques de Chapt de Rasti-

gnac, archevêque de Tours, du 15 septembre 1747 ; lettre de Jean-Charles de Ségur, ancien évêque de St.-Papoul, du 6 janvier 1748 ; ordonnance de François, duc de Fitz-James, évêque de Soissons, du 3 janvier 1748 ; instruction pastorale dudit archevêque de Tours, du 30 janvier 1748 ; ordonnance et instruction pastorale de Armand Bazin de Besons, évêque de Carcassonne, du 3 février 1748 ; lettre de Christophe de Beaumont, archevêque de Paris, aux curés et confesseurs séculiers et réguliers de son diocèse, en date du 8 février 1748 ; lettre de Pierre de Guérin de Tencin, cardinal, archevêque de Lyon, aux curés et aux confesseurs séculiers et réguliers de son diocèse, en date du 11 février 1748 ; lettre pastorale de Henri-Constance de Lort de Serignan de Valras, évêque de Mâcon, du 15 février 1748 ; instruction pastorale de Louis Chapt de Rastignac, archevêque de Tours, du 18 février 1748 ; lettre de Pierre Mauclerc de la Musanchere, évêque de Nantes, du 22 février 1748, aux curés et aux confesseurs réguliers et séculiers de son diocèse ; lettre de Louis-Albert Joli de Chouin, évêque de Toulon, du 13 mars 1748, aux curés et confesseurs séculiers et réguliers de son diocèse ; ordonnance et instruction pastorale d'Augustin-Roch de Menou, évêque de la Rochelle, du 26 mars 1748 ; mandement de Nicolas de Saulx Tavannes, archevêque de Rouen, du 6 avril 1748 ; lettre de Louis-François-Gabriel d'Orléans de la Motte, évêque d'Amiens, du 9 avril 1748, aux curés, vicaires et autres confesseurs de son diocèse ; ordonnance de Scipion-Jérôme Begon, évêque de Toul, du 17 avril 1748 ; avertissement d'Antoine-Pierre de Grammont, archevêque de Besançon, à tous les curés, vicaires, confesseurs et prédicateurs de son diocèse, en date du 22 avril 1748 ; ordonnance et instruction pastorale de Pierre-Jules-César de Rochechouart, évêque d'Evreux, du 23 mai 1748 ; instruction pastorale de Armand-Gaston cardinal de Rohan, évêque de Strasbourg, du 10 juin 1748 ; ordonnance et instruction pastorale de Paul-Alexandre de Guenet, évêque de St-Pons, du 16 juillet 1748 ; instruction pastorale de Louis-Jacques de Chapt de Rastignac, archevêque de Tours, du 23 février 1749 ; mandement dudit archevêque de Tours, du 15 novembre 1749 ; mandement de Jean-François de Montillet, archevêque d'Auch, du 12 février 1754 ; ordonnance de Samuel-Guillaume de Verthamon, évêque de Luçon, du 5 février 1756 ; autre ordonnance dudit évêque, du 21 octobre de la même année ; mandement de F. Michel de Bulhoens, évêque du Grand-Para au Brésil, du 29 mai 1757 ; ordonnance de Joseph, cardinal d'Atalaya, patriarche de Lisbonne, du 7 juin 1758 ; mandement du chapitre d'Elvas, en Portugal, le siége vacant, du 19 janvier 1759 ; mandement de François-Alexis de Miranda-Henriquez, évêque de Miranda, en Portugal, du 16 février 1759 ; lettre pastorale de François-Alexis de Miranda Henriquez, évêque de Miranda en Portugal, du 26 février 1759 ; lettre pastorale de Jean de Notre-Dame Da-Porta, évêque de Leiria en Portugal, du 28 février 1759 ; lettre en forme de mandement de Joseph, inquisiteur général de Portugal, du 2 mai 1759 ; mandement et instruction pastorale de François duc de Fitz-James, évêque de Soissons, du 1er août 1759 ; lettre pastorale de François de Salhanda, cardinal patriarche de Lisbonne, du 5 octobre 1759 ; mandement de Christophe, archevêque de Vienne en Autriche, cardinal de Migazzi, du 3 juillet 1760.

Assemblées provinciales du Clergé de France.

Autres censures faites dans les diverses assemblées provinciales ou générales du clergé de France contre la morale, doctrine et comportements desdits soi-disant jésuites, savoir : en l'assemblée provinciale de Sens, composée de Louis-Henri de Gondrin, archevêque de Sens, d'Eustache de Chery, évêque de Nevers, de François Maillier, évêque de Troyes, de Pierre de Broc, évêque d'Auxerre, tenue à Paris le 17 mai 1650 ; assemblée provinciale des évêques de Normandie, tenue à Rouen le 15 avril 1660 ; assemblée provinciale de Sens, composée desdits archevêque de Sens, desdits évêques de Nevers, Troyes, Auxerre et en outre de Laurent de Chery, évêque de Tripoly, et d'aucuns députés du second ordre, ladite assemblée tenue à Sens le 11 mai 1660.

Assemblées générales du Clergé de France.

Acte de l'assemblée générale du clergé, tenue à Poissy le 15 septembre 1561 ; discours au roi par la chambre ecclésiastique des états généraux du royaume, des 5 et 23 février 1615 ; lettre de l'assemblée générale du clergé de France, aux archevêques et évêques du royaume, en date du 10 février 1631 ; censure faite par l'assemblée générale du clergé de France, tenue à Mantes, le 12 avril 1641 ; censures faites par les assemblées générales du clergé de France, par délibération des 19 novembre 1643, 18 août 1650, 1er février 1657 et 4 septembre 1700.

Autres censures de la doctrine de ladite Société portées par décrets de cour de Rome, brefs, bulles, lettres apostoliques, (sans approbation toutefois de ce que lesdites pièces pourraient contenir de contraire, en la forme et au fond, aux libertés de l'Église gallicane, lois et maximes du royaume), savoir : congrégations *de Auxiliis*, des 13 mars et 22 novembre 1598, 12 mars 1599, 9 septembre 1600, 29 novembre 1601 ; discours du pape Clément VIII, à l'ouverture d'autres congrégations tenues sur le même sujet en sa présence au Vatican, les 20 mars, 8, 9, 22, 23 juillet, 6 et 20 août, 3 septembre, 1er octobre, 19 novembre, 10 et 17 décembre 1602, 21 et 28 janvier, 18 février, 15 avril, 6 mai, 10 et 24 juin, 11, 16, 26 novembre, 13 décembre 1603, 21 janvier, 17 février, 27 mars, 23 avril, 1er, 8 et 29 mai, 2, 27 juillet, 29 octobre, 29 novembre et 7 décembre 1604, 5 et 22 janvier 1605 ; autres congrégations tenues au mont Quirinal, en présence du pape Paul V, sur le même sujet, des 21 septembre, 12 et 15 octobre et 29 novembre 1605, 3 janvier, 1er février et 1er mars 1606 ; décret dudit pape Paul V, du 3 janvier 1613 ; décrets d'Urbain VIII, des 31 janvier 1641, 16 février 1642, et 18 mars 1643 ; décret d'Innocent X, du 12 septembre 1645 ; bref d'Innocent X, du 16 avril 1648 ; décrets d'Alexandre VII, des 21 août 1659, et 24 septembre 1665, contre vingt-huit propositions, et du 18 mars 1666, contre dix-

sept propositions; décret de Clément IX, du 13 septembre
1668, publié à Rome en 1666; décret d'Innocent XI, du 2
mars 1679, contre soixante-cinq propositions; autre décret
du même pape, du 16 septembre 1680; décret d'Alexandre
VIII, du 24 août 1690; décrets de Clément XI, des 20 novembre 1704, 7 janvier 1706, 25 septembre 1710; et lettre
écrite en conséquence par ordre du même pape au général de
ladite Société, en date du 11 septembre 1710; discours du
même pape en consistoire sur la mort du cardinal de Tournon, du 14 octobre 1711; bulle *Ex illà die* du même pape,
en 1713; décret de Benoît XIII, du 12 décembre 177; décrets de Clément XII, des 17 mai et 24 août 1734, 26 septembre 1735; bref et décret du même pape, du 13 mai 1739;
bulle de Benoît XIV, du 20 décembre 1741, adressée aux archevêques et évêques du Brésil et autres de la nomination de
Portugal; autre bulle commençant par ces mots : *Ex quo
singulari*, du même pape, en 1742; autre bulle du même
pape, de 1745, commençant par ces mots : *Omnium Solli-
citudinum*; décrets du même pape, des 17 avril 1755, 14
avril 1757, 17 février, 1er avril 1758; sentiment de la congrégation adressée à notre S. Père le pape Clément XIII, sur
le mémoire présenté par le général desdits soi-disant jésuites,
le 31 juillet 1758; décret de notre S. Père le pape, et lettres
apostoliques des 2 décembre 1758, 30 août et 7 septembre
1759, 29 mai 1760, et constitution de notredit S. Père le
pape, du 23 avril de la présente année 1762.

Toutes lesquelles dénonciations, censures, et autres suffrages et témoignages émanés desdites universités, desdits
curés, archevêques, évêques, assemblées provinciales, assemblées générales du clergé de France, et des papes, seraient intervenues, ainsi que dit est, non-seulement contre les ouvrages et auteurs de ladite Société, desquels les noms sont
énoncés ès *Extraits des Assertions*, mais encore contre autres
écrits et auteurs aussi de ladite Société, notamment celles des
3 juin 1575, contre les leçons et écrits de Jean Maldonat de
ladite Société, intitulé : *De Purgatorio*; 27 mars 1579, contre les prédications et scandales de Julio Mazarini de ladite

Société; 1 février 1611, contre la réponse apologétique à l'anti-coton, ouvrage de Louis Richeome de ladite Société; 2 mars 1626, contre la somme théologique de François Carasse de ladite Société; 15 juin 1641, contre le livre de Louis Cellot de ladite Société, intitulé : *De Hierarchiâ et Hierarchis*; 16 février 1642, contre le livre d'Augustin Barbosa de ladite Société, intitulé : *Collectanea Bullarii, aliarumve summorum pontificum constitutionum*; 18 mars 1643, contre le livre de Michel Rabardeau de ladite Société, intitulé : *Optatus Gallus de cavendo Schismate*, etc., *excussus Parisiis, apud viduam Joannis Camusat, viâ Jacobeâ, sub signo Velleris aurei*; 29 novembre 1643, contre quatre écrits de Jean Floyde de ladite Société, intitulés, le premier : *Hermanni Loemelii spongia*; le second : *Querimonia Ecclesiæ anglicanæ*; le troisième : *Appendix ad illustrissimum dominum archiepiscopum parisiensem*; le quatrième : *Defensio decreti*; 28 novembre 1643, contre les prédications de Jacques Nouet de ladite Société; celles intervenues contre le livre de Louis Cellot de ladite Société, intitulé: *Horarum sub secivarum liber singularis*, imprimé à Paris, chez Chaudière, en 1648; celle de... 1649, contre le livre de Jean Martinez de Ripalda, intitulé : *Joannis à Ripalda, Societatis Jesu, adversùs Baium et Baianos; Amstelodami, apud Joannem Blauvo*; 17 mai 1650, contre un libelle intitulé : *Théotime, ou dialogue instructif sur l'affaire présente des pères jésuites de Sens*, publié par eux dans ledit diocèse; 29 décembre 1651, contre le livre de N. Brisacier de ladite Société, intitulé : *Le Jansénisme confondu, avec la défense de son sermon, fait à Blois* le 29 mars dernier; 26 octobre 1656, contre un libelle distribué dans la ville de Rouen, par N. Brisacier, N. Berard et N. Brière de ladite Société, sous le titre de *Réponse d'un théologien aux propositions extraites des lettres des Jansénistes par quelques curés de Rouen, présentée à messeigneurs les évêques de l'assemblée générale du clergé*; 6 février et 23 avril 1659, contre les écrits de Jean Garnier de ladite Société; 14 novembre 1665 contre les thèses du collége des soi-disant jésuites de Poitiers, et contre Charles des Jumeaux et Michel Desmonts de ladite Société; 7 novembre 1675, contre les écrits et dictées de François Jacops de ladite Société; 5 août 1615, contre les prédications de N. Bellanger de ladite Société; 28 mars 1697, contre le livre de N. Buffier de ladite Société, intitulé : *Difficultés proposées*, etc.; 29 avril 1697, contre des propositions de N. des Timbrieux de ladite Société; 15 juillet 1696, contre les thèses soutenues à Reims, par Gabriel Tiroux et François Baltus de ladite Société; 21 août 1698, contre des propositions soutenues à Reims, par Pierre Flavet de ladite Société; 28 septembre 1698, contre un écrit espagnol intitulé : *Memorial all rey nuostro senor Carlos II*, présenté au roi d'Espagne, par Jean Palazol de ladite Société, de l'ordre de Tyrse Gonzalès, général d'icelle; 8 août 1716, contre un sermon de Jean-Baptiste Hervieux de ladite Société; 5 juin 1717, contre une thèse de N. Lauverjat de ladite Société; 16 et 23 août 1717, contre une thèse de N. Babinet de ladite Société; 18 août 1717, contre les cahiers dictés par N. Salton et par N. Fau de ladite Société; 12 mars, 6 avril et 4 juillet 1718, contre les cahiers dictés à Reims par N. Brielle et N. de Berry de ladite Société; 25 janvier 1722, contre les cahiers et thèses publiques de N. du Breuil, N. de Gennes, N. de Vitry et N. Mahaudot de ladite Société; 1 mars 1727, contre la remontrance des soi-disant jésuites à l'évêque d'Auxerre; 30 décembre 1728, contre une poésie sanguinaire des soi-disant jésuites de Castres; 25 avril 1733, contre les catéchismes, thêmes et autres instructions, donnés par les soi-disant jésuites d'Auxerre à leurs écoliers; 1 juillet 1733, contre le journal de Trévoux du mois de juin 1731, concernant les ouvrages posthumes de Jacques-Benigne Bossuet, évêque de Meaux; 1 février 1734, contre autre journal de Trévoux du mois de février 1732, concernant autres ouvrages posthumes dudit évêque de Meaux; 1 mars 1760, contre les cahiers dictés à Poitiers, par N. Briquet de ladite Société; 29 mai 1760, contre un sermon de N. Neumayer de ladite Sociéte; 2 novembre 1761, contre les traités dictés à Poitiers par N. de la Pinoterie de ladite Société; 1 février 1762, contre les cahiers dictés à Poitiers, par N. Kelli de ladite Société.

Et aussi aucunes desdites censures portant interdictions, ou interdits généraux ou particuliers; notamment celles du 23 mai 1620, interdiction de confrérie dans le collége desdits soi-disant jésuites de Poitiers; du 27 mars 1625, interdit desdits soi-disant jésuites dans le diocèse de Cornouailles, pendant le temps paschal; du 25 janvier 1653; interdit général desdits soi-disant jésuites dans le diocèse de Sens, de toutes fonctions ecclésiastiques, hors la messe dans leur oratoire; 17 juillet 1654, interdit général desdits soi-disant jésuites, pour la confession dans le diocèse de Malines; 9 septembre 1656; interdit de Jean Crasset de ladite Société, dans le diocèse d'Orléans; 15 septembre 1659; interdit de Charles Guyet de ladite Société, dans le diocèse de Bourges, et suspense de toutes fonctions des saints ordres; 12 novembre 1716, interdit général desdits soi-disant jésuites dans le diocèse de Paris; 12 septembre 1728, interdiction auxdits soi-disant jésuites dans le diocèse d'Auxerre, de toutes assemblées en congrégations dans leur collége; 5 février et 21 octobre 1756, interdit, même *à sacris*, de tous les soi-disant jésuites des collége et séminaire de Luçon; 1758 et 1759, interdit général de tous les soi-disant jésuites de Portugal, par les évêques et patriarche dudit royaume; 7 septembre 1759, interdiction par ledit bref de notre S. Père le pape, de tout trafic, négoce, change et banque, pratiqués par lesdits soi-disant jésuites, sous leurs noms ou autres noms interposés. Et encore aucunes desdites censures, ainsi qu'autres desdits vénérables Jean de Palafox, Charles Maigrot, Charles-Thomas Maillart, cardinal de Tournon, et autres visiteurs, provisiteurs, et vicaires apostoliques, ensemble lesdits papes ci-dessus dénommés, prononcées à l'effet de réprimer les excès commis par lesdits soi-disant jésuites aux Indes Orientales, dans l'empire de la Chine, dans l'Amérique septentrionale, au Mexique, dans les provinces de l'Amérique méridionale, du Paraguay, du Brésil, et le long du fleuve de la Plata, notamment ladite bulle de Benoît XIV, du 20 décembre 1741, portant *défense auxdits soi-disant jésuites d'oser à l'avenir mettre en servitude lesdits Indiens, les vendre, les acheter, les échanger, en faire dona-*

tion, les séparer de leurs femmes et de leurs enfans, les dé-
pouiller de leurs biens et de leurs effets..... donner conseil,
aide, faveur, sous quelque prétexte ou couleur que ce puisse
être, à ceux qui voudroient encore commettre ces vexations,
prêcher ou enseigner qu'elles sont permises ; et finalement ladite bulle de notre S. Père le pape, du 13 avril de la présente
année 1762, à l'effet de réprimer de nouveau les excès commis par lesdits soi-disant jésuites dans le Tonkin contre les
vicaires apostoliques.

Compte rendu en la cour, toutes les chambres assemblées,
le 2 avril 1762, concernant les vœux secrets d'aucuns soi-
disant jésuites, vivant dans le monde en habits séculiers ;

Déclaration du roi du 16 juillet 1715, registrée en la cour
le 2 août audit an, qui fixe l'âge auquel ceux de ladite Société licenciés et congédiés d'icelle ne pourront être reçus à
partage dans les successions, pour le trouble qu'ils apporte-
raient aux familles ;

Bulle de Grégoire XIII, du 10 juin 1581, inventoriée par
les commissaires de la cour, cottes 17 et 18 de la cinquante-
unième liasse de l'inventaire des titres et papiers du collége
dit de Clermont, ci-devant tenu en cette ville de Paris par
lesdits soi-disant jésuites, commençant par ces mots : *Etsi
per privilegia*, par laquelle, *sur les oppositions faites par les
curés de Paris et d'autres églises* aux priviléges accordés par
Paul III *à ladite Société*, comme portant atteinte aux droits
desdits curés, ces priviléges sont de nouveau confirmés, à
l'effet de pouvoir, à perpétuité, par ceux de *ladite Société,
nonobstant lesdites oppositions*, prêcher, confesser en tous
lieux et toutes personnes, et leur administrer les sacrements,
même le jour de Pâques, *sans pour ce requérir aucun consentement ni permission desdits curés*, et de jouir desdits priviléges nonobstant toutes appellations ;

Signification du 11 août 1761, de l'arrêt de notredite cour
du 6 du même mois, qui reçoit notre procureur général appelant comme d'abus, avec intimation en notredite cour aux
général et Société desdits soi-disant jésuites, à l'effet de comparoir dans deux mois ; présentation au greffe de notredite

cour par notre procureur général, le 7 janvier 1662, défaut faute de comparoir, obtenu par notredit procureur général, ledit jour 7 janvier 1762, délivré le 25 dudit mois, contre lesdits général et Société ; demande et inventaire de notredit procureur général sur le profit dudit défaut joint, et tout ce qui a été mis et produit par lui : Ouï le rapport de Me Joseph-Marie Terray, conseiller ; tout considéré ;

Notredite cour, toutes les chambres assemblées, faisant droit sur ledit appel comme d'abus interjeté par le procureur général du roi, de l'institut et constitutions de la Société se disant de Jésus, et reçu par arrêt de la cour du 6 août 1761, sur lequel appel comme d'abus lesdits général et Société ont été surabondamment intimés, et faisant pareillement droit sur les autres délibérations jointes audit appel comme d'abus, déclare le défaut faute de comparoir pris au greffe de la cour par notre procureur général le 7 janvier 1762, bien et valablement obtenu ; et adjugeant le profit d'icelui ;

Dit qu'il y a abus dans ledit institut de ladite Société se disant de Jésus, bulles, brefs, lettres apostoliques, constitutions, déclarations sur lesdites constitutions, formules de vœux, décrets de généraux et congrégations générales de ladite Société, et pareillement dans les règlements de ladite Société appelés *oracles de vive voix*, et généralement dans tous autres règlements de ladite Société, ou actes de pareille nature, en tout ce qui constitue l'essence dudit institut. Ce faisant, déclare ledit institut inadmissible par sa nature dans tout État policé, comme contraire au droit naturel, attentatoire à toute autorité spirituelle et temporelle, et tendant à introduire dans l'Eglise et dans les Etats, sous le voile spécieux d'un institut religieux, non un ordre qui aspire véritablement et uniquement à la perfection évangélique, mais plutôt un corps politique dont l'essence consiste dans une activité continuelle pour parvenir par toutes sortes de voies, directes ou indirectes, sourdes ou publiques, d'abord à une indépendance absolue, et successivement à l'usurpation de toute autorité :

Notamment en ce que, pour former un corps immense répandu dans tous les Etats, sans en faire réellement partie, qui ne pensant et n'agissant que par l'impulsion d'un seul homme, marche toujours infailliblement vers son but, et puisse exercer son empire sur les hommes de tout état et de toute dignité, ladite Société s'est constituée monarchique, et concentrée dans le gouvernement et la disposition du seul général (1), auquel elle a attribué toute espèce de pouvoirs utiles à l'avantage et à l'élévation de ladite Société; en sorte qu'autant elle se procure de membres dans les différentes nations, autant les souverains perdent de sujets, qui prêtent entre les mains d'un monarque étranger le serment de fidélité le plus absolu et le plus illimité;

Qu'il aurait été attribué à cet effet au général sur tous les membres de ladite Société l'autorité la plus universelle et la plus étendue :

Autorité non-seulement sur leurs actions, mais sur leur entendement (2) et sur leurs consciences, tellement obligées de se plier au moindre signe du général comme à la voix de de Jésus-Christ (3), que l'hésitation même n'est permise ni dans l'exécution, ni dans l'adhésion intérieure; d'où résulterait nécessairement une obéissance aveugle, toujours subsistante malgré les restrictions apparentes que lesdites constitutions de ladite Société auraient cherché à présenter dans quelques endroits, et dont la solution se trouverait, soit dans d'autres passages desdites constitutions (4), soit dans la doc-

---

(1) *Instit. Soc. Jes. Pragæ* 1757. *Tom.* 1, *p*, 101. *c.* 2 et 102, *loc.* 1. (Voy. l'Arrêt d'appel comme d'abus du 6 Août 1701. pag. 5. note 2.)

(2) *Epist. Præp. Gen. Tom.* 2. *p.* 101. *col.* 2. (Arrêt du 6 Août 1761. p. 6, note 2.)

(3) Constit. p. 9. t. 1. p. 438. c. 2. Bull. *Exposcit debitum* 1450. t. i. p. 23. col. 2. (Arrêt du 6 Août 1761. p. 5. note 2.)

(4) Obedientia (*Vid. Decl. C.*) tùm in executione, tùm in voluntate, tùm in intellectu sit in nobis semper omni ex parte perfecta, cum magnâ celeritate, spirituali gaudio et perseverantia quidquid nobis injunctum fuerit obeundo, omnia justa esse nobis persuadendo, omnem sententiam ac judicium nostrum contrarium cœcâ quâdam obedientiâ abnegando, et id quidem in omnibus quæ à superiore disponuntur ubi definiri non possit (*Vid. Decl. B.*) quemadmodum dictum est, aliquod peccati genus intercedere. Et sibi quisque persuadeat quòd qui sub obedientiâ vivunt, se ferri ac regi à divinâ Providentiâ per Superiores suos sinere debent, perinde ac si cadaver essent, quod quoquoversùs ferri et quacumque ra-

trine générale de ladite Société sur le probabilisme et sur l'art de se former une conscience factice.

Autorité tellement absolue sur l'état, sur les vœux et sur la subsistance même de tous les membres de la Société, que le général, instruit sous le secret de tous les mouvements par des délateurs occupés sans cesse à les sonder, à les pénétrer et à les examiner (1), pourrait à son gré, au mépris du droit

----

tione tractari se sinit; vel similiter atque senis baculus qui ubicumque et quâcumque in re velit eo uti qui eum manu tenet ei inservit. Sic enim obediens rem quamcumque qui eum Superior ad auxilium totius corporis Religionis velit impedere, cum animi hilaritate debet exequi, pro certo habens quod eâ ratione potius quàm re aliâ quavisquam quam præstare possit, propriam voluntatem ac judicium diversum sectando, divinæ voluntati respondebit.

Declarat. B. Hujusmodi sunt illæ omnes in quibus nullum manifestum est peccatum.

Obedientia (*Declarat. C.*) quod ad executionem attinet, tunc præstatur cùm res jussa completur; quod ad voluntatem, cùm ille qui obedit idipsum vult quod qui jubet; quod ad intellectum, cùm idipsum sentit quod ille, et quod jubetur bene juberi existimat. Et est imperfecta ea obedientia, in quâ præter executionem non est hæc ejusdem voluntatis et sententiæ, inter eum qui jubet et qui obedit, consensio. (*Constit. p. 6, t. 1, p. 408, col. 1 et 2.*)

Interrogetur (qui ingredi vult in Societate) an quibusvis in scrupulis vel difficultatibus spiritualibus, vel aliis quibuscumque quas patiatur, vel aliquando pati contigerit, se dijudicandum relinquet, et acquiescet aliorum de Societate qui doctrinâ et probitate sint prædita, Sententiis. (*Exam. gen. cum Decl. c. 3, n. 12, t. 1, p. 344, col. 2, et 345, col. 1.*)

(1) Ad majorem in Spiritu profectum et præcipuè ad majorem submissionem et humilitatem propriam, contentus esse quisque debet, ut omnes errores et defectus ipsius et res quæcumque quæ notatæ in eo et observatæ fuerint, superioribus per quemvis qui extra Confessionem eas acceperit, manifestentur (*Summar. Constit. n. 9, tom. 2, p. 71.*)

Lecta sunt, et à Congregatione confirmata sequentia quæ Patres deputati pro manifestatione delicti Superioribus facienda sibi visa retulerunt circa regulam Summarii IX et X desumptam ex capite IV Examinis § 8.

1° Licitum esse omnibus manifestare Superiori ut Patri quodcumque delictum alterius, sive grave sit, sive leve, et hunc esse sensum regulæ.

2° Cùm illo capite IV examinis omnibus proponatur et interrogentur, an contenti sint futuri, ut omnes defectus et res quæcumque quæ in iis notatæ et observatæ fuerint, Superiori manifestentur, eo ipso nostros cedere quicumque juri famæ quod huic manifestationi obstare posset, et facultatem concedere omnibus deferendi ad Superiorem quæcumque etiam gravia quæ de illis notata fuerint; quandoquidem et ratione majoris humilitatis et profectûs spiritualis, et ut à Superiore magis cognosci et meliùs dirigi aut juvari possint, ipsimet expressè concesserint, et judicaverint sibi magis expedire ad majorem Dei gloriam et bonum animæ.

Cùm in eodem loco non solùm de defectibus, sed etiam de erroribus et quibuscumque aliis rebus quæ in ipso notatæ et observatæ fuerint, fiat expressa

naturel de la réciprocité des engagements, expulser à chaque instant de ladite Société quiconque y nuirait à ses vues (1), ou lui serait utile ailleurs, sauf à l'y faire rentrer dans la suite sans que ladite Société soit tenue même de fournir des aliments (2) en aucun cas aux sujets qu'il plaît au général de renvoyer.

Autorité étendue jusque sur les membres de ladite Société qui seraient, du consentement du général, indispensable dans ce cas, élevés à quelque dignité que ce soit hors de ladite Société, et qui restent liés, même à raison de l'exercice des fonctions desdites dignités, à l'obéissance au général par un vœu formel, dont l'effet obscurci en apparence par quelques énonciations qui paraîtraient ne réserver qu'une autorité de conseil et de persuasion, ne peut être cependant révoqué en doute au moyen de la précaution d'en faire l'objet d'un vœu exprès, de la nécessité imposée par ce vœu au sujet élevé en dignité, de prendre un conseil de la Société choisi par le général, et de la clause expressive qui termine le formule du vœu : *Le tout entendu suivant les constitutions et déclarations de ladite Société* (3).

---

mentio, non esse dubium quin de omnibus delictis etiam gravioribus sit sermo. *Congreg. VI, Decret. XXXII, n. 1, 2, 3, tom. 1, pag.* 577 *et* 578.

Substantialia nostri Instituti ea imprimis sunt... Deinde ea sine quibus illa aut nullo modo aut vix constare possunt ; cujusmodi sunt..... contentum esse debere unumquemque, ut omnia quæ in eo notata fuerint, per quemvis qui extra confessionem ea acceperit, Superioribus manifestentur : Paratos esse debere omnes, ut se invicem manifestent debito cum amore et charitate. *Canon. VI Congreg. Gener. n.* 17, *tom.* 1, *p.* 717, *col.* 1 *et* 2.

(1) De causis propter quas dimitti aliquem conveniat..... alterum est, si existimaretur in Domino, aliquem retineri contra Societatis bonum fore, quod cùm universale sit, haud dubiè bono particulari alicujus præferri ab eo debet, qui sincerè divinum obsequium quærit. *Constit. part.* 2, *cap.* 2, *n.* 3, *tom.* 1, p. 366.

..... Vel quod hæc non sit eorum vocatio, vel quod ad commune bonum Societatis non inveniat ut in eâ maneant. *Const. part.* 2, *c.* 1, *n.* 1, *p.* 365.

(2) *Bull.* Injuncti nobis 1723, *t.* 1, *p.* 200, *c.* 2. (Arrêt du 6 Août 1761, pag. 6, note 3.)

(3) Promitto prætereà, nunquam me curaturum, prætensurumve extra Societatem Prælationem aliquam vel dignitatem, nec consensurum in mei electionem, quantùm in me fuerit, nisi coactum obedientiâ ejus qui mihi præcipere potest sub pœnâ peccati... Insuper promitto, si quandò acciderit ut hâc ratione in Præ-

Autorité qui peut soumettre à ses lois des hommes de tout ordre, de tout état et de toute condition, même les plus élevés en dignité, en les liant à ladite Société par le vœu d'obéissance, sans qu'ils cessent de vivre dans le monde, d'y remplir les fonctions de leurs dignités, et sans qu'ils y portent aucune marque extérieure de leur engagement, ainsi qu'il résulte du compte rendu à la cour par un des conseillers en icelle le 2 avril dernier : autorité néanmoins tellement dirigée vers son objet, que si celui qui l'exerce venait à s'écarter du plan qu'il doit toujours suivre, il pourrait être déposé malgré la perpétuité attachée à sa place, et même renvoyé de ladite Société.

En ce que, pour n'être jamais arrêté par les circonstances et par les évènements, et pour pouvoir prendre l'esprit et la conduite convenables dans chaque occasion, ledit institut aurait donné à toutes ses prétendues lois une flexibilité et une mobilité qui se prêtent à toutes les variations qui lui sont utiles, suivant la diversité des temps, des lieux et des objets (1), dont le général est l'arbitre suprême ; qui dispensent de toute obligation, même sous peine de péché véniel (2), toute règle généralement quelconque, si elle n'est prescrite par le supérieur autorisé du général, et déterminé par les circonstances du bien général ou particulier de ladite Société, qui rendent même les règles impossibles à fixer au milieu des décisions contradictoires auxquelles on parvient par toutes sortes de

---

sidem alicujus Ecclesiæ promoveat, pro curâ quam de animæ meæ salute ac rectâ muneris mihi impositi administratione gerere debeo, me eo loco ac munere habiturum Præpositum Societatis Generalem, ut nunquam consilium audire detractem, quod vel ipse per se, vel quivis alius de Societate, quem ad id ipse sibi substituerit, dare mihi dignabitur. Consiliis verò hujusmodi ità me pariturum semper esse promitto, si ea meliora esse quàm quæ mihi in mentem venerint, judicabo : Omnia intelligendo juxtà Societatis Jesu Constitutiones et Declarationes. *Formul. votor. simpl. quæ Professi emittunt post professionem, t.* 2, *p.* 167, *col.* 1 *et* 2.

(1) *Tom.* 1, *p.* 10, *col.* 2, *p.* 43, *col.* 1 *et p.* 327, *col.* 1. (Voyez l'arrêt du 6 Août 1761, p. 4, not. 1.)

(2) *Constit. part.* 6, *c.* 5, *t.* 1, *p.* 414, *col.* 2 *et p.* 415, *col.* 1. (Voyez l'arrêt du 6 Août 1761, p. 4, not. 4.)

distinctions et d'exceptions intermédiaires (1); qui mettent
même dans les pouvoirs du général l'abrogation et le change-
ment direct des règles de l'institut, à l'exception néanmoins
des points substantiels dont la Société s'est fait une loi (2) de
ne point former un tableau exact et complet.

En ce que, pour assurer audit institut une existence indé-
pendante de tous les évènements, et une stabilité supérieure
à toutes les atteintes qu'on voudrait y porter, ledit institut se
serait soustrait à l'autorité des souverains, des lois et des magistrats, à celle du Saint-Siége, des conciles généraux et particuliers, ainsi qu'à toutes réformations, limitations ou restrictions qui pourraient intervenir dans la suite, de quelque
autorité qu'elles pussent émaner; qu'à cette effet ladite Société
aurait surpris du Saint-Siége les engagements les plus précis de
ne pouvoir jamais révoquer ou limiter (3) ses priviléges, ou
y déroger, aurait même eu la précaution de déclarer nulles
et comme non avenues toutes dérogations ou exceptions faites
en faveur de qui que ce soit à ses constitutions, même par le
pape (4), à mois que ce ne soit du consentement de ladite
Société, et enfin se serait fait concéder le droit étrange d'a-
néantir de son autorité tous les changements et toutes les mo-

---

(1) *Bull.* Regimini, *t.* 1, *p.* 6, *col.* 2, *Bull.* Exposcit debitum, 1550, *t.* 1,
p. 22, *col.* 2,

   Constit. part. 6, *c.* 2, § 15, *t.* 1, *p.* 410, *col.* 1, *Decl. in cap.* 2, Ibid. *p.* 411,
col. 2 *et* 412, *col.* 2.

   Decret. II Congr. n. 61, *t.* 1, *p.* 499, *col.* 1. *Dec. VII Congr.* n. 84, *t.* 1,
p. 607, *col.* 2 *et* 608, *col.* 1.

   Regul. Procur. Provinc. *t.* 2, *p.* 144, *col.* 2. (Voyez l'Arrêt du 6 Août 1761,
p. 7 et 8, not. 4.)

(2) Cùm postulatus catalogus esset de substantialibus Instituti, de quibus in
provincialibus Congregationibus nostris non licet agere, Patresque deputati varia
hujus generis exempla attulissent, censuit congregatio præter ea quæ in formulâ
exprimuntur, videri consultiùs à recensendis aliis supersedere; quod omnia brevi
compendio comprehendi non possint; ac si cui dubium obvenisset posse illum
ad R. P. nostrum recurrere, ab eoque intelligere quid de re tali sentiendum vi-
deatur. *Congr. VII, Decr.* 40, *t.* 1, *p.* 600, *col.* 1.

(3) *Bull.* Dùm indefessæ, *t.* 1, *p.* 43, *col.* 1. (Voy. l'Arrêt du 6 Août 1761,
p. 4, note 1.)

  (4) *Compend. verbo* privilegia, *n.* 3, *t.* 1, *p.* 327, *col.* 1. (Voyez l'Arrêt du
6 Août 1761, *p.* 4, note 1.)

difications apportées à ses lois, de les rétablir elle-même dans leur première force et vertu, en faisant même remonter ce rétablissement à la date que la Société ou son général voudront choisir, le tout sans avoir besoin d'obtenir du pape aucun consentement ni aucune nouvelle confirmation (1).

En ce que ledit institut ainsi préparé par sa constitution intérieure à se procurer l'exécution du plan que ladite Société s'était proposé, aurait cherché à y joindre tous les moyens extérieurs qu'il a jugé propres à lui assurer les succès les plus rapides ; qu'en conséquence il s'est d'abord ouvert la route pour acquérir des richesses immenses, en se préparant à l'ombre de distinctions enveloppées (2) et de contradictions ménagées entre des prohibitions et des exceptions, la facilité de se livrer à un commerce étendu depuis sur toute la surface de la terre ; et qu'il s'est fait accorder d'avance la dispense la plus entière d'employer les sommes qui pourraient lui être données aux objets assignés par les donateurs, autant néanmoins qu'il pourrait le faire à leur insu ou sans les choquer (3).

En ce que l'indispensable nécessité où se trouvait ledit institut de s'attirer le crédit et la protection, et de se concilier le plus grand nombre d'esprits qu'il lui serait possible, en voilant néanmoins ses desseins (4), l'aurait déterminé prin-

---

(1) *Bull.* Ecclesiæ Catholicæ, *t.* 1, *p.* 104, *col.* 2. (Voyez l'Arrêt du 6 Août 1761, p. 4, note 1.)

(2) Voyez l'Arret du 6 Août 1761, p. 7 et 8, note 4.

(3) Per facultates concessas Prælatis Ordinis minorum possunt omnes nostri... commutare ex uno usu ad alium necessarium legata quæ relinquuntur nostris Collegiis aut domibus, dùmmodo id fiat sine scandalo eorum ad quos solutio talium legatorum pertinet. Sixtus IV..... Quam concessionem ampliavit Leo X in rebus donatis per vivent es; si tamen, ut dictum est, non sequatur scandalum prædictorum..... Hæc facultas et eo modo quo suprà verbo *alienatio n.* 5 reservatur Generali ex Decreto 41, Congreg. gener. VIII, *Compend.* verbo *Permutatio, t.* 1, *n.* 6, *p.* 284, *col.* 2.

(4) Monendi subindè rem esse plenam invidiæ apud externos, Societatem hoc nomine malè audire (agitur de Aulicismo) constari multorum in nos odium, inter nostros etiam nescio quid inæqualitatis offendere; hortandi ut prudenter declinent, suggerant nonnullis in rebus Principibus ipsis aliquos alios, nostros vel externos, prout res feret, NE VIDEANTUR NOSTRI OMNIA MOVERE. *Industriæ, c.* 15, *n.* 7, *t.* 2, *p.* 377, *col.* 2.

cipalement à aspirer d'abord à la faveur des princes et des personnes de grande autorité, puisqu'au milieu des règlements qui interdisent en apparence à ses membres la fréquentation de la Cour et le maniement des affaires séculières, qui leur défendent nommément de s'insinuer dans la confiance particulière des princes, qui semblent même résister à l'emploi de confesseur auprès d'eux (1), on trouve néanmoins un chapitre (2) qui concerne nommément et uniquement les confesseurs des princes, et dont les règlements sont approuvés par la sixième congrégation (3).

Que de plus ledit institut n'aurait jamais cessé d'imposer pour règle générale aux supérieurs de s'occuper à ménager la faveur des papes, des princes temporels, des grands et des personnes de la première autorité, et en général à conserver les amis (4) de la Société, et à lui rendre favorables ceux qui lui sont opposés.

---

(1) *Sæcularitas et aulicismus insinuans in familiaritates et gratiam externorum.*

Morbus hic in Societate, et intra et extra, periculosus est, et istis qui eum patiuntur, et nobis fere nescientibus paulatim subintrat, specie quidem lucri faciendi, Principes, Prælatos, Magnates, conciliandi ad divinum obsequium hujusmodi homines Societati, juvandi proximos, sed revera quærimus interdum nos ipsos, et paulatim ad sæcularia deflectimus; quare diligenter provenienda sunt mala, et initiis occurrendum. *Industr. c.* 15, *t.* 2, *p.* 376, *col.* 2.

Cùm propositum esset an Illustrissimo Cardinali Augustano Theologus nostræ Societatis dari posset, qui ejus confessiones audiret et aulam sequeretur, visum est congregationi, nec Principibus, nec Dominis aliis sæcularibus aut Ecclesiasticis assignari debere aliquem ex nostris Religiosis, qui aulas eorum sequeretur et in eis habitaret, ut Confessarii vel Theologi, aut alio quovis munere fungeretur, nisi forte ad perbreve tempus, unius vel duorum mensium. *Congreg. gen.* 2, *Decl.* 40, *t.* 1, *p.* 496, *col.* 1. *Congreg. gen.* 11, *Can.* 38, *t.* 1, *p.* 706, *col.* 2 *et p.* 707, *col.* 1.

(2) *De Confessariis Principum Ordin. Gen. c.* 11, *t.* 2, *p.* 259, 260, 261, 262. Ce Règlement est fait par le Général Aquaviva en 1602.

(3) *Can. VI Congreg. Can.* 7, *t.* 1, *p.* 719, *col.* 1.

(4) Ad eumdem finem faciet generatim curare ut amor et charitas omnium etiam externorum ergà Societatem conservetur, sed eorum præsertim quorum voluntas bene aut male in nos affecta, multùm habet momenti. *Constit. part.* 10, *n.* 11, *t.* 1, *p.* 447, *col.* 2.

Imprimis conservetur benevolentia Sedis Apostolicæ, cui peculiariter inservire debet Societas, deinde Principum sæcularium et Magnatum, ac primariæ autoritatis hominum *Ibid. Decl. B. p.* 448, *col.* 1.

Benevolos et devotos conservet, curetque ut benefactoribus se gratos nostri

Qu'enfin il aurait suivi le même esprit en déterminant une doctrine et une morale les meilleures et les plus convenables pour elle, et tellement uniformes, autant qu'il lui est utile, que chacun de ses membres est obligé de se soumettre aux définitions de ladite Société dans les objets sur lesquels il aurait des opinions différentes de ce qu'enseigne l'Eglise (1); doctrine dont l'effet serait d'attirer les uns par une morale que favorise généralement toutes les passions humaines, sans néanmoins aliéner tous ceux qui ne réfléchiraient pas assez sur les suites du probabilisme, source féconde d'opinions opposées, qu'on a fait soutenir par d'autres auteurs de ladite Société, de tant de déclarations, désaveux et rétractations illusoires, et du peu de fruit qu'a produit ce grand nombre de censures des universités, des pasteurs du second ordre, des évêques et des papes, examinées par les commissaires de la cour.

En ce que, à l'égard de ceux que tant de mesures n'auraient pas disposés en faveur de ladite Société, ledit institut, pour les subjuguer, les aurait attaqués par la voie de la terreur, en prodiguant les menaces contre toutes personnes, de quelque état, de quelques dignités qu'elles soient revêtues, même de la puissance royale, qui inquiéteraient, molesteraient, ou voudraient réformer ladite Société, en faisant concéder à ladite Société ce droit si redoutable de se nommer à elle-même des conservateurs avec faculté d'employer contre ces personnes non-seulement les sentences, les censures, les privations d'offices ou de dignités, mais même tous remèdes opportuns de droit et de fait (2); en

---

exhibeant : si qui autem adversantur Societati, studeat ut meliùs informati reconcilientur. *Regul. Provinc. n.* 95, *t.* 2, *p.* 86, *col.* 1.

Animadvertat num expediat Provincialem ad aliquos externos scribere, præsertim Principes Ecclesiasticos aut Sæculares, Episcopos, Prælatos, aut alios magnâ auctoritate Viros, ad conservandam eorum erga Societatem benevolentiam ; idque illum admoneat. *Regul. Soc. Provinc. n.* 21, *t.* 2, *p.* 120, *col.* 2.

(1) *Décl. in Const. t.* 1, *p.* 375, *col.* 2, *p.* 397, *col.* 2, *p.* 426, *col.* 1, *Const. part.* 3, *t.* 1, *p.* 372 et 373. (Voyez l'arrêt du 6 Août 1761, p. 10 et 11, note 6.)

(2) *Bull.* Æquum reputamus, 1572, *t.* 1, *p.* 45, *col.* 1. *Bull.* Salvatoris Domini, 1576, *t.* 1, *p.* 58, *col.* 2 (Voyez Arrêt du 6 Août 1651, p. 9 et 10, fin de la note 15).

adoptant pour sa doctrine l'enseignement meurtrier qui permet de calomnier, de persécuter et même de tuer quiconque veut nuire à ce que chacun appelle arbitrairement sa fortune et son bonheur : doctrine dont le dernier excès irait jusqu'à porter l'inquiétude dans le sein des souverains, par l'enseignement persévéramment soutenu dans ladite Société, du consentement des supérieurs d'icelle, même depuis 1614, du régicide et de tout ce qui peut attenter à la sûreté de la personne sacrée des souverains, à la nature et aux droits de la puissance royale, à son indépendance pleine et absolue de toute autre puissance qui soit sur la terre, et aux serments inviolables de fidélité qui lient les sujets à leurs souverains.

En ce que ces caractères essentiels et distinctifs dudit institut, formés par le résultat des lois qu'il s'est fait donner, et de celles qu'il s'est prescrites à lui-même, plus frappants encore lorsqu'on y réunit l'assemblage des priviléges destructifs de tout ordre civil et hiérarchique qui lui ont été concédés, présentent le tableau d'un corps qui aspire uniquement à l'indépendance et à la domination, et qui, par son existence même au milieu de tout État où il serait introduit, ainsi que par sa conduite conséquente à ses constitutions, tend évidemment à miner peu à peu toute autorité légitime, à effectuer la dissolution de toute administration, et à détruire le rapport intime qui forme le lien de toutes les parties du corps politique : tableau d'autant plus effrayant, que les lois dudit institut sont un véritable fanatisme réduit en principe, et qui ne laisse par son industrieuse prévoyance aucune voie pour le réduire ou le réformer, ensorte que la plus légère atteinte portée à sa manière d'exister, si on pouvait la réaliser, ne pourrait être que la création d'un nouvel institut.

Qu'indépendamment de ce qui s'est passé dans les différents États de la chrétienté, même de ce qui est récemment arrivé en Portugal, dont les pièces authentiques sont déposées au greffe de la cour, la France en particulier n'a que trop ressenti les funestes effets que ne pouvait manquer de produire un pareil institut. Que les fureurs de la ligue, animées, soutenues et fomentées en France par des membres de ladite Société, exposèrent le royaume aux plus grands malheurs (1), et auraient enlevé la couronne à l'auguste maison de Bourbon, si la fidélité inébranlable de la nation française n'eût assuré l'observation et la conservation de la loi salique (2) : qu'Henri IV lui-même, ce prince dont la mémoire sera toujours si chère à la France, échappé d'abord aux attentats de Barrière, qu'entraîna la *seule induction et instigation des principaux du collège de Clermont, faisant profession de ladite Société*, et ensuite à ceux de Châtel, disciple de la même Société, rendit générale par un édit l'expulsion que la cour avait prononcée contre elle; que si cédant ensuite aux vues séduisantes d'une politique trop périlleuse, il rétablit en France sous des conditions irritantes et sévères une Société si dangereuse, rien n'a pu arrêter depuis ce temps le cours de la doctrine régicide dans ladite Société; que les droits de l'épiscopat ont été long-temps combattus et méprisés par ladite Société, malgré les réclamations si souvent réitérées du clergé de France, et que des intervalles de soumission apparente ne les garantiraient pas de nouvelles attaques de la part

---

(1) Il s'est apertement recognu, auparavant l'émotion, et pendant tout le cours des présens troubles, le ministère de ceux qui se disent *de la Société et Congrégation du nom de Jésus*, avoir été le mouvement, fomentation et appui de beaucoup de sinistres pratiques, desseins, menées, entreprises et exécutions d'icelles, qui se sont brassées pour l'éversion de l'autorité du défunt Roi dernier décédé, nôtre très-honoré Seigneur et Frère. *Edit d'Henri IV*, du 21 janvier 1595.

(2) Lesquelles pratiques, menées, desseins et entreprises se sont trouvées d'autant plus pernicieuses, que le principal but d'icelles a été d'induire et persuader à nos Sujets secrètement et publiquement, sous prétexte de piété, la liberté de pouvoir attenter à la vie de leur Roi ; ce qui s'est manifestement découvert en la très-inhumaine et très-déloyale résolution de nous tuer, prise l'année dernière par..... Barrière, confirmée et autorisée par la seule induction et instigation des Principaux du Collége de Clermont de cette Ville, faisant Profession de ladite Société et Congrégation, et récemment par l'attentat qu'un jeune garçon, âgé de dix-huit à dix-neuf ans, nommé Jean Chastel, enfant de cette Ville, a fait sur nôtre propre Personne; lequel Chastel nourri et élevé depuis quelques ans, et fait le cours de ses études au Collége dudit Clermont, a donné aisément à conoître que de cette seule Ecole étaient provenus les instructions, avertissemens et moyens de cette damnable volonté..... par lesquels ceulx de ladite Congrégation se sont trouvés participants de ce très-détestable et très-cruel parricide, outre que par les écrits de Jehan Guynard, on a recognu qu'avec autant d'impiété que d'inhumanité, ils maintiennent être permis aux Sugjets de tuer le Roi. *Edit de Janvier 1595.*

d'un institut dont la nature leur est si essentiellement opposée, et de la part d'adversaires qui font profession par leurs
propres constitutions de suspendre seulement tout ce qui
pourrait ne pas convenir au temps, aux lieux et aux circonstances; que presque tous les corps de l'État ont été successivement détruits ou affaiblis, les universités combattues,
presque anéanties, ou forcées de recevoir les soi-disant jésuites dans leur sein, ou réduites souvent à de fâcheuses ex-
trémités.

Reçoit notre procureur général incidemment appelant
comme d'abus des vœux et serments émis par les prêtres, écoliers et autres de ladite Société, de se soumettre et conformer
auxdites règles et constitutions : faisant droit sur ledit appel,
dit qu'il y a abus dans lesdits vœux et serments; ce faisant,
les déclare non valablement émis. Ordonne que ceux des
membres de ladite Société qui auront atteint l'âge de trente-
trois ans accomplis, au jour du présent arrêt, ne pourront en
aucuns cas, et sous quelque prétexte que ce soit, prétendre à
aucunes successions échues ou à écheoir, conformément à
notre déclaration du 16 juillet 1715, registrée en notredite
cour, le 2 août suivant, qui sera exécutée selon sa forme et
teneur, comme loi de précaution nécessaire pour assurer le
repos des familles, sans que de ladite déclaration il ait jamais
pu être induit aucune approbation de ladite Société, si ce
n'est à titre provisoire, et sous les conditions toujours inhé-
rentes à l'admission et rétablissement de ladite Société.

Reçoit pareillement notre procureur général incidemment
appelant comme d'abus de toutes aggrégations et affiliations
précédemment faites à ladite Société de toutes personnes
connues et inconnues, ou en quelque forme et manière que
ce soit; faisant droit sur ledit appel, dit qu'il y a abus dans
lesdites aggrégations et affiliations.

Déclare ladite cour, conformément à l'avis du clergé de
France, assemblé à Poissy en 1561, et arrêt d'homologation
d'icelui du 13 février audit an, *ladite Société n'avoir été* (1)

---

(1) *Avis du Clergé assemblé à Poissy, du 15 septembre 1561.*

reçue comme religion nouvellement instituée, mais par forme de Société et collége seulement, à titre d'épreuve, sous des conditions irritantes, et *à la charge* (1) *de la rejeter, si et quand elle serait découverte être nuisible, ou faire préjudice au bien et état du royaume ;* lesdites conditions toujours subsistantes de droit lors du rétablissement de ladite Société en 1603, non révoquées par les lettres-patentes en forme d'édit de septembre 1603, mais augmentées, *sur peine d'être déchue du contenu en ladite grâce* (2).

Et attendu qu'il appert par les actes contenus au recueil desdites constitutions imprimées à Prague en 1757, et par ceux déposés au greffe de la cour, que les généraux de ladite Société, et le corps d'icelle, loin d'accepter lesdites conditions énoncées en l'avis du clergé assemblé à Poissy en 1671, et de s'y conformer, n'ont au contraire cessé d'y contrevenir, notamment à la cause qui n'admettait ladite Société qu'à la charge de renoncer aux priviléges contenus dans les bulles par elle obtenues, qu'*autrement à faute de ce faire* (3), *ou que pour l'avenir elle en obtînt d'autres, les présentes demeureraient nulles et de nul effet et vertu ;* qu'ils ont donné ouverture à ladite clause résolutive, en obtenant de nouvelles bulles (4) confirmatives et extensives desdits priviléges, rejetés par le clergé de France assemblé à Poissy, et même d'autres bulles attributives de nouveaux priviléges, tels entre autres que le droit de se choisir arbitrairement des juges conservateurs (5) ; le tout sans aucune exception pour la partie de ladite Société établie en France ; qu'ils y ont même fait ajouter des défenses à toutes personnes, de quelque état et

---

(1) *Réquisitoire des gens du Roi, de Mars* 1564.

(2) Édit de 1603, *Art.* 1.

(3) Avis du Clergé assemblé à Poissy.

(4) Bulles des 17 Janvier 1565. (*Instit.* t. 1, p. 34.) 10 Mars 1571. (p. 39.) 7 Juillet 1571. (p. 42.) 25 Mai 1572. (p. 44.) 3 Mai 1575. (p. 50.) 16 Juillet 1576. (p. 54.) premier Janvier 1578. (p. 62.) 7 Mai 1578. (p. 64.) premier Février 1583. (p. 75.) 25 Mai 1584. (p. 78.) 10 Septembre 1584. (p. 85.) 20 Novembre 1584. (p. 87.) 28 Juin 1591. (p. 100.) *tome 1.*

(5) *Bull.* Æquum reputamus, 25 *Mai* 1572, *tom.* 1, *p.* 44, *col.* 1 *et* 2.

prééminence (1) qu'elles soient, sous les plus grandes peines,
même d'inhabilité à tous offices séculiers ou réguliers, d'im-
pugner ou attaquer ledit institut ni aucun de ses articles, directement ou indirectement : que même pour se procurer un
titre direct contre les obstacles qu'elle avait éprouvés de la
part du clergé de France, ladite Société a porté à Grégoire XIII
ses plaintes contre les curés de Paris, et d'autres villes, qui
s'opposaient au libre exercice de ces mêmes priviléges, rejetés par le clergé de France, et en a obtenu une nouvelle confirmation desdits priviléges, avec nomination de commissaires destinés à lui en assurer la jouissance, par un bulle du
10 juin 1581 (2), qu'on n'a point osé insérer dans le recueil
imprimé à Pragues en 1757, mais dont il a été trouvé deux
exemplaires en forme probante, sous les scellés apposés en
exécution de l'arrêt de notredite cour du 23 avril dernier,
dans le collége dit de Clermont, sis en cette ville de Paris,
l'un desquels exemplaires en forme, a été annexé au procès-

---

(1) Præcipimus igitur in....... sub pœnis excommunicationis latæ sententiæ,
nec non inhabilitatis ad quævis Officia et Beneficia secularia...... ne quis cujuscumque status, gradûs et præeminentiæ existat, dictæ Societatis Institutum, Constitutiones, vel etiam præsentes aut quemvis earum, vel supradictorum omnium
articulum, vel aliud quid supradicta concernens..... directè vel indirectè impug-
nare vel eis contradicere audeat. *Bull.* Ascendente, 25 Mai 1584, *t.* 1; *p.* 83,
col. 1 *et* 2.

Et ut contradicentium audacia coerceatur, præmissas omnes et quasvis alias illis
similes Assertiones contra dictæ Societatis Institutum, vel quomodolibet in illius
præjudicium pronuntiatas aut scriptas, falsas omninò et temerarias esse et cen-
seri debere. *Ibid. p.* 83, *col.* 1.

(2) Nonnulli tamen Parisiensium et fortè aliarum Ecclesiarum Parochialium
Rectores pridem insurrexerunt, qui liberum vobis exercitium prædictum eo prætextu impedire conantur, quod Privilegia prædicta per eam licentiam correcta ac
moderata sint, quam superioribus annis dedimus prædicatoribus et confessariis
vestris semel ab aliquo ordinario approbatis.... autoritate præscutium declaramus
licentiam nostram hujusmodi ad supra dicta Pauli prædecessoris nostri Privilegia
non extendi, sed ea illibata permanere, et nihilominùs motu proprio, certáque
scientiâ nostrâ, plenam et liberam licentiam vobis in perpetuum tribuimus, ut
prædictæ Societatis vestræ Presbyteri à suis quisque Superioribus ad id deputati,
in quibusvis illius domorum et Collegiorum, vel aliorum locorum Ecclesiis, nec
non Plateis concionari..... confessiones audire, confitentes etiam in casibus su-
pradictis absolvere..... et alia juxta privilegia vestra, et Societatis prædictæ institutum facere..... Rectorum vel Ordinariorum, aut quorumvis aliorum consensu
vel licentiâ minimè requisitâ. *Bull.* Etsi Privilegia *de Grégoire XII, annexée au
Procès-verbal de l'Assemblée de la Cour du 6 Août* 1762.

verbal de l'assemblée de notredite cour de ce jourd'hui ; qu'en 1594 elle a fait dans une congrégation générale un décret formel pour réprouver toute altération de l'institut et des priviléges résultants, soit des bulles de 1550 et 1552, antérieures à l'avis du clergé de France assemblé à Poissy en 1561, soit des bulles postérieures à ladite assemblée (1) ; qu'ainsi ladite Société a de sa part multiplié les actes d'attachement à l'universalité desdits priviléges, et toujours sans aucune exception locale ;

Comme aussi attendu que le général de ladite Société a pareillement rejeté les conditions apposées audit édit de rétablissement de 1603, ainsi qu'il résulte du discours tenu en notredite cour au nom du roi, le 2 janvier 1604, par Hurault de Maisse, pour ce spécialement envoyé vers icelle, de la lettre d'*Aquaviva*, général de ladite Société, à Henri IV, du 21 octobre 1603, et du mémoire présenté par ledit *Aquaviva* au cardinal d'Ossat, ambassadeur du roi auprès du Saint-Siége, lesdites lettre et mémoire annexés au procès-verbal de l'assemblée de notredite cour du 3 du présent mois ; qu'en conséquence ladite Société n'a jamais rien abandonné ni souffert être modifié depuis ladite époque dans son institut et dans ses priviléges ; qu'en 1606 elle a de nouveau sollicité et obtenu la confirmation pleine et entière de tous les priviléges à elle accordés par les bulles précédentes qui y sont nommément rappelées, ainsi que le décret de 1594, qui y est rapporté en entier ; qu'en 1608, dans une congrégation générale où assistaient les députés de France, elle a encore confirmé lesdits décrets de 1594 et bulle de 1606, et prononcé des peines

______

(1) Congregatio statuit, ut, qui vehementer suspecti de prædictis Machinationibus reperti fuerint, ii vel jurent se humiliter amplexuros constitutiones, et Decreta generalium Congregationum, nec non summorum Pontificum Bullas, quibus Societatis Institutum confirmatur, seu explicatur, præsertim verò fel. rec. Julii III, Gregorii XIII et Gregorii XIV, nec unquam se acturos quocumque prætextu contrà illas, neque ut quippiam de nostri Instituti ratione immutetur, curaturos per quoscumque, in Bullâ Gregorii XIV, non Permissos ; vel si hoc juramentum præstare noluerint, aut post illud præstitum non servaverint etiamsi Professi et Antiqui fuerint, de Societate omninò ejiciantur. *Congreg.* 5 *Déc.* 54, *tom.* 1, *p.* 559, *col.* 1.

contre tous contrevenants (1) ; qu'elle n'a cessé de réitérer la même disposition dans les congrégations générales tenues en 1645 (2) et 1646 (3), sans avoir jamais admis aucune exception pour la France, ayant au contraire supposé que ses priviléges étaient partout également en pleine vigueur et n'éprouvaient qu'en Pologne seulement (4), de la part de quelques évêques, des obstacles contre lesquels elle réclamait; qu'elle a assujetti à des peines, comme perturbateurs, tous ceux de ses membres qui ne recevraient pas comme loi la totalité des bulles et priviléges par elle obtenus depuis son origine (5) ; que ce même esprit s'est toujours invariablement transmis dans la Société et a excité en différents temps, notamment en 1650, les réclamations les plus fortes du clergé de France (6) ; que lesdits priviléges ont été réclamés même

---

(1) Bulle du 4 Septembre 1606, tom. 1, p. 110.

(2) Omnium suffragiis conclusum fuit illud quintæ Congregationis contrà Societatis perturbatores Decretum, nuper à Sanct. D. N. Paulo V confirmatum, non modo renovandum esse, verùm etiam ità extendendum, ut eo nostri omnes comprehendantur, qui quorumque hominum, sive de Societate sint, sive de ipsâ non sint, operâ utuntur, ad Societatis pacem conturbandam. *Congr.* 6 *, Déc.* 2, *tom.* 1, *p.* 566, *col.* 1 *et* 2.

(3) *Cong.* 8, *Decr.* 44, *t.* 1, *p.* 621, *col.* 2. *Cong.* 9 *Decr.* 25, *t.* 1, *p.* 629, *col.* 1 et 2.

(4) Exposuit Provincia Poloniæ, nostros qui in eo regno versantur, in suis Ministeriis impediri à quibusdam Episcopis neque permitti ut immunitatibus, et privilegiis à Sede apostolicâ Societati concessis utantur, SICUT IN ALIIS REGNIS; et subindè postulavit ut nomine Congregationis liceret Patri nostro agere cum Summo Pontifice ad hæc impedimenta quantum fieri poterit, amolienda; censuit Congregatio annuendum postulato, atque hoc negotium Patri nostro commendandum. *Cong.* 8, *Decr.* 50, *t.* 1, *p.* 622, *col.* 1.

(5) *Cong.* 5, *Decr.* 54, *t.* 1, *p.* 558, *col.* 1 *et* 2. *Cong.* 9; *Dec.* 25, *t.* 1, *p.* 629, *col.* 1 et 2.

(6) « Qu'ils (les Jésuites) ne peuvent être considérés en France comme exempts, « et qu'ils ont à leur réception dans le Royaume en l'an 1560, renoncé à tous « priviléges, se sont soumis à la disposition du droit commun, et à la Jurisdiction « des Ordinaires : ce qui a été encore renouvelé dans le rétablissement de leur « Société en 1603, et spécialement lorsqu'ils eurent le Collége de Sens en l'an « 1522; et c'est ce qui nous a d'autant plus surpris, que ne pouvant légitimement prétendre aucune exemption, et que se trouvant soumis à l'autorité Episcopale, de même que les autres Prêtres, ils veulent néanmoins agir indépendamment, et même contre la volonté des Evêques dans l'administration des « Sacremens. Car s'il leur est permis de résilier des protestations qu'ils ont si « solennellement faites, reçues par la Faculté de Théologie de Paris, par

en France par plusieurs desdits soi-disant jésuites, et que par
différents décrets, notamment en 1751 et 1755, ladite Société
a réitéré dans les dix-septième et dix-huitième congrégations
générales, où assistaient les députés de France, la censure, sous
peine d'inhabilité à tout office séculier ou régulier, contre
toute personne, soit de ladite Société, soit étrangère à icelle,
qui, sous quelque prétexte que ce fût, directement ou indirectement, attaquerait, contredirait, changerait ou altèrerait
l'institut de ladite Société, ses constitutions, ou la bulle par elle
obtenue en 1584, confirmative de toutes les précédentes (1);
qu'elle a même ordonné que cette censure serait lue au moins
une fois par an dans toutes les maisons de ladite Société (2);
qu'enfin elle a eu soin de consigner de nouveau en 1757, dans
l'état de ses priviléges recueilli séparément, celui qu'aucun acte
intervenu contre ses priviléges, indults et immunités de la
part de toute personne, de quelque condition, dignité, grade
ou état que ce soit, et pour quelque cause que ce puisse être,
ne peut porter aucun préjudice auxdits immunités et priviléges, qui demeureront toujours dans leur vigueur et pleine

---

« M. Eustache du Bellay, lors Evéque dudit Paris, et par toute l'Eglise de France
« assemblée à Poissy ; quelle sûreté pourra-t-on prétendre désormais de cette Com-
« pagnie, et quel garant le reste de l'Etat aura-t-il de sa fidélité, si elle en manque
« pour l'Eglise ?
  « Mais quand ils pourroient par quelque adresse se sauver à la faveur d'une
« proposition équivoque, il n'y en peut avoir dans l'arrêt du Parlement de Paris,
« qui n'a autorisé leur réception en France qu'aux conditions susdites ; et étant
« Ecclésiastiques, ils auront le déplaisir de faire par l'autorité des Puissances sé-
« culières, ce qu'ils n'ont pas voulu déférer à celle de l'Eglise, puisque vivant
« dans ce Royaume, ils ne peuvent être indépendans du Roi et de ses Ministres,
« comme ils le veulent être de ceux de Jésus-Christ. » *Lettre circulaire de l'Assemblée du Clergé, du 18 Août* 1650, *p.* 253 *Procès-verbal de* 1650, *in-folio.*

(1) Censuræ et præcepta hominibus Societatis imposita, primùm jussu Congregationis octavæ collecta, deinde à Congreg. 17 et 18 recognita, *t.* 2, *p.* 1 *et* 2,
col. 1. Le chapitre second, *qui a pour titre :* Quæ pertinent ad instituti nostri
conservationem, *rapporte les termes de la Bulle* Ascendente, *et de celle de Grégoire XIV ci-dessus citée.*

(2) Monitum. Censuræ et præcepta quæ capite primo continentur, eo solum
tempore legantur ad mensam quo comitia ad quæ illa pertinent, celebranda sunt ;
reliqua verò in aliis capitibus exposita singulis annis semel prælegantur in mensâ
Dec. ex 23 *et sess.* 114, *Cong.* 8, *t.* 2, *p.* 1, *d'où suit que le* Chapitre second,
qui contient la Bulle Ascendente *et celle de Grégoire XIV, déjà citée, doit être lu
au moins une fois l'an dans chaque Maison.*

force (1); qu'ainsi les conditions les plus essentielles apposées à l'admission de ladite Société n'ont jamais été exécutées en France.

A ordonné et ordonne que, conformément aux clauses portées en l'avis du clergé de France assemblé à Poissy en 1561, et de l'arrêt d'homologation d'icelui, ladite Société sera et demeurera pleinement et définitivement déchue desdites admission et rétablissement, à compter du jour du présent arrêt ; ce faisant, reçoit, en tant que besoin serait ou pourrait être ; notre procureur général opposant à l'exécution de toutes lettres-patentes ou arrêts qui auraient pu concerner les établissements particuliers de ladite Société, faisant droit sur ladite opposition, déclaré n'y avoir lieu à l'exécution ultérieure desdites lettres-patentes et arrêts, notamment comme ayant toujours été nécessairement dépendants desdites conditions irritantes apposées auxdites admission et rétablissement de ladite Société, et ne pouvant subsister par le fait même de ladite Société, résultant de ses contraventions auxdites conditions.

Et ayant été vérifié par la cour, que ledit institut rejeté en 1561, sur le vu de quelques-unes seulement de ses premières bulles, et déclaré abusif par le présent arrêt, ne peut être séparé dans le fait d'avec ladite Société et collége, comme formant ensemble un tout absolument indivisible et essentiellement inconciliable par sa nature avec lesdites conditions irritantes, ainsi qu'il résulte de l'examen des bulles, constitutions, décrets, formules de vœux, brefs et autres titres de ladite Société, dont le recueil était demeuré inconnu à la cour, jusqu'au 17 avril 1761, déclare en conséquence lesdits soi-disant jésuites inadmissibles, même à titre de Société et

---

(1) Si quandò contigerit per unum, aut plures actus contrà privilegia, indulta, gratias et immunitates Societati concessa, aut ipsorum aliquod, à quocumque, cujuscumque conditionis, dignitatis, gradûs, et status existat, ex negligentiâ seu ignorantiâ præsentium, et futurorum, quibus ea conceduntur, aut aliâ quâvis causâ aliter attentari, vel observari, scienter, vel ignoranter ; nullum tamen propter hoc præjudicium indultis, gratiis et immunitatibus ipsis generatur : sed illa in suo vigore et pleno robore firmitatis perpetuò permanent. *Compendium verbo Privilegia*, t. 1, *p.* 326, *col.* 2 *et* 327, *p.* 1.

collége; ce faisant, a ordonné et ordonne, que tant ledit institut que ladite Société et collége seront et demeureront exclus du royaume, irrévocablement et sans aucun retour, sous quelque prétexte, dénomination, ou forme que ce puisse être, entendant ladite cour garder et observer à perpétuité les dispositions du présent arrêt, en tout ce qui concerne l'exclusion définitive et absolue desdits institut et Société du royaume, comme un monument de sa fidélité à la religion et au roi, et comme une maxime inviolable dont elle ne pourrait jamais se départir sans manquer à son serment et aux devoirs que lui imposent la sûreté de la personne sacrée des rois, l'intérêt des bonnes mœurs, celui de l'enseignement public et de la discipline de l'Église, le maintien du bon ordre et de la tranquillité publique ; à l'effet de quoi le recueil imprimé à Prague en 1757, en deux volumes *in-folio*, collationné par les commissaires de la cour, à l'exemplaire déposé au greffe d'icelle, le 18 avril 1761, par ledit de Montigny, restera déposé au greffe civil de la cour ; et les exemplaires dudit recueil qui pourront se trouver dans les maisons et établissements de ladite Société, seront déposés au greffe de chacun des bailliages et sénéchaussées du ressort, pour y servir de titre et de preuve perpétuelle des vices dudit institut : faisant ladite cour inhibitions et défenses à tous greffiers de donner communication desdits exemplaires à qui que ce soit, s'il n'en est autrement ordonné par la cour, toutes les chambres assemblées ; fait ladite cour très-expresses inhibitions et défenses à toutes personnes de proposer, solliciter ou demander en aucuns temps, ni en aucune occasion, le rappel et rétablissement desdits institut et Société, à peine, contre ceux qui auraient fait lesdites propositions, ou qui y auraient assisté et acquiescé, d'être personnellement réputés conniver à l'établissement d'une autorité opposée à celle du roi, même favoriser la doctrine régicide constamment et perséveramment soutenue dans ladite Société, et en conséquence poursuivis extraordinairement.

Et procédant à la délibération jointe audit appel comme d'abus, relativement à la doctrine morale et pratique constamment et persévéramment enseignée sans interruption dans ladite Société; déclare ladite doctrine, morale et pratique, dont l'uniformité résulte des constitutions mêmes dudit institut et Société, et de la conduite constante de ladite Société et des supérieurs et généraux d'icelle, à l'égard de tous ceux qui l'ont enseignée et publiée, perverse, destructive de tout principe de religion et même de probité, injurieuse à la morale chrétienne, pernicieuse à la société civile, séditieuse, attentatoire aux droits et à la nature de la puissance royale, à la sûreté même de la personne sacrée des souverains et à l'obéissance des sujets, propre à exciter les plus grands troubles dans les États, à former et à entretenir la plus profonde corruption dans le cœur des hommes.

Comme aussi déclare illusoires et nulles, toutes déclarations, désaveux ou rétractations des membres de ladite Société, comme censées faites en exécution d'aucuns principes de ladite doctrine, morale et pratique, et comme étant d'ailleurs toujours destituées de l'autorisation du général, et toujours démenties ensuite par la continuation dudit enseignement, et par la rédistribution et réimpression des ouvrages désavoués en apparence : à l'effet de quoi la minute des extraits des assertions desdits soi-disant jésuites déposée au greffe de notredite cour, le 5 mars 1762, y demeurera pour y servir de titre et monument perpétuel de ladite doctrine, morale et pratique, faisant ladite cour très-expresses inhibitions et défenses à tous greffiers de donner communication de ladite minute à qui que ce soit, s'il n'en est autrement ordonné par notredite cour, toutes les chambres assemblées; se réservant notredite cour de pourvoir à la vindicte publique, ainsi qu'il appartiendra, sur les conclusions de notre procureur général, contre ceux des ouvrages énoncés auxdits extraits des Assertions sur lesquels il n'a pas été statué par les arrêts des 6 août et 3 septembre 1761, ou autre précédemment rendus, ensemble contre les auteurs, imprimeurs et distributeurs d'iceux.

Ordonne que toutes les dispositions provisoires contenues en l'arrêt rendu par notredite cour, toutes les chambres assemblées, le 6 août 1761, seront et demeureront définitives, et seront exécutées dans toutes leurs parties, notamment en ce qui concerne les défenses faites à tous sujets du roi de fréquenter en aucun lieu du royaume ou hors d'icelui, les écoles, pensions, colléges, séminaires, retraites, missions et congrégations desdits soi-disant jésuites, sous les peines portées audit arrêt contre les étudiants, leurs pères et mères, curateurs ou autres ayant charge de leur éducation, même sous plus grande peine, s'il y échet; enjoint aux officiers des bailliages et sénéchaussées du ressort d'y tenir la main, et au substitut de notre procureur général dans lesdits siéges, de poursuivre tous les contrevenants, si aucuns y avait.

Enjoint notredite cour à tous et chacun les membre de ladite Société de vider toutes les maisons, colléges, séminaires, maisons professes, noviciats, résidences, missions, ou autres établissements de ladite société qu'ils occupent, sous quelque désignation ou dénomination que ce soit, sans aucune exception; et ce, dans la huitaine de la signification du présent arrêt, qui sera faite aux maisons de ladite Société, et de se retirer en tel endroit du Royaume que bon leur semblera, autre néanmoins que les colléges et séminaires, ou autres maisons destinées pour l'éducation de la jeunesse, si ce n'est qu'ils y entrassent à titre d'étudiants, ou pour le temps nécessaire pour prendre les ordres dans lesdits seminaires; leur enjoint de vivre dans l'obéissance au roi et sous l'autorité des ordinaires, sans pouvoir se réunir en Société entr'eux, sous quelque prétexte que ce puisse être; leur fait très-expresses inhibitions et défenses, et à tous autres, d'observer à l'avenir lesdits institut et constitutions déclarées abusives, de vivre en commun ou séparément sous leur empire, ou sous toute autre règle que celle des ordres dûment autorisés et régulièrement reçus dans le royaume, de porter l'habit usité en ladite Société, d'obéir au général ou aux supérieurs d'icelle, ou à autres personnes par eux préposées, de communiquer ou entretenir aucune correspondance directe ou indirecte avec lesdits général ou supérieurs, ou avec autres personnes par eux préposées, ni avec aucuns membres de ladite Société

résidant en pays étrangers; de faire à l'avenir les vœux
dudit institut, s'agréger ou affilier, dedans ou dehors le
royaume, audit institut, à tels titres ou par tels vœux et serments que ce puisse être, le tout à peine contre les contrevenants d'être poursuivis extraordinairement et punis suivant l'exigence des cas.

Ordonne ladite cour que tous ceux desdits prêtres, écoliers et autres ci-devant de ladite Société se disant de Jésus,
qui, ayant l'âge de trente-trois ans accomplis au présent jour
6 août 1762, et étant compris dans les procès-verbaux dressés en exécution de l'arrêt de notredite cour du 23 avril
1762, voudraient obtenir sur les biens qui appartenaient à
ladite ci-devant Société, des pensions annuelles et alimentaires, seront tenus de présenter à notredite cour, toutes les
chambres assemblées, leur requête à cet effet, avant le 3 février prochain, et d'y joindre leur extrait baptistaire, ainsi
que l'extrait des vœux qu'ils avaient faits dans ladite Société,
la déclaration de tous revenus dont ils pourraient jouir à
quelque titre que ce soit, un certificat du lieu de leur résidence, qui leur sera délivré sans frais par le juge royal desdits lieux, passé lequel jour 3 février prochain inclusivement,
ils ne pourront plus être admis, sous quelque prétexte que
ce puisse être, à demander ni prétendre aucune pension alimentaire sur lesdits biens, notredite cour les en déclarant, en
vertu du présent arrêt et sans qu'il en soit besoin d'autre,
purement et simplement déchus à ladite époque, sur lesquelles requêtes il sera par notredite cour délibéré le vendredi 4 février prochain, à l'effet de quoi les syndics des
créanciers de ladite ci-devant Société seront tenus de remettre à notredite cour avant ledit jour 4 février 1763, un état
du montant connu des dettes prétendues sur ladite Société en
principaux, intérêts et frais, le plus exactement qu'il leur sera
possible.

Se réservant ladite cour de pourvoir par un arrêt particulier de ce jour, à une provision alimentaire en faveur desdits
soi-disant jésuites:

Ordonne que tous ceux desdits prêtres, écoliers et autres de ladite Société, qui se trouvaient dans les maisons et établissements d'icelle Société au 6 août 1761, ne pourront remplir des grades dans aucune des universités du ressort, posséder canonicats, ni des bénéfices à charge d'âme, vicariats, emplois ou fonctions ayant même charge, chaires ou enseignement public, offices de judicature ou municipaux, ni généralement remplir aucunes fonctions publiques, qu'ils n'aient préalablement prêté serment *d'être bons et fidèles sujets et serviteurs du roi, de tenir et professer les libertés de l'Église gallicane, et les quatre articles du clergé de France contenus en la déclaration de 1662, d'observer les canons reçus et les maximes du royaume ; de n'entretenir aucune correspondance directe ni indirecte, par lettres ou par personnes interposées ou autrement, en quelque forme et manière que ce puisse être, avec le général, le régime et les supérieurs 'de ladite Société, ou autres personnes par eux préposées, ni avec aucun membre de ladite Société résidant en pays étrangers ; de combattre en toute occasion la morale pernicieuse contenue dans les extraits des Assertions déposés au greffe de la cour, notamment en tout ce qui concerne la sûreté de la personne des rois et l'indépendance de leur couronne, et en tout de se conformer aux dispositions du présent arrêt : notamment de ne point vivre désormais, à quelque titre et sous quelque domination que ce puisse être, sous l'empire desdites constitutions et institut.*

Lesquels serments seront reçus en notredite cour, par le conseiller rapporteur commis à cet effet, et dans les bailliages et sénéchaussées du ressort, par le lieutenant général ou autre officier suivant l'ordre du tableau, dont sera dressé acte, qui sera souscrit par celui qui aura fait ledit serment, et déposé au greffe de notredite cour, ou aux greffes des bailliages et sénéchaussées du ressort, dont expédition en forme sera envoyée à notre procureur général, pour être pareillement déposée au greffe de notredite cour.

Et où par la suite aucuns desdits membres de ladite Société seraient trouvés exerçant lesdits degrés, possédant lesdits bénéfices et offices, enseignant dans lesdites écoles et séminaires du ressort de notredite cour, sans avoir fait ledit serment préalable, déclare les nominations, élections et provisions nulles de plein droit, et lesdits bénéfices, offices, degrés ou chaires, vacans et impétrables : comme aussi en cas de contravention auxdits serments, ordonne que les contrevenants seront extraordinairement poursuivis à la requête de notre procureur général; poursuite et diligence de ses substituts sur les lieux, et punis suivant l'exigence des cas.

Ordonne que copies collationnées, par le greffier de notredite cour, du présent arrêt seront signifiées sans délai aux maisons qui sont dans la ville de Paris, et dans les trois jours de la publication du présent arrêt dans les bailliages et sénéchaussées du ressort, à toutes les autres maisons occupées dans le ressort de notredite cour par ceux de ladite Société ; leur enjoint très-expressément de s'y conformer sous les peines y portées, à l'effet de quoi nombre suffisant desdites copies collationnées seront envoyées aux substituts de notre procureur général sur les lieux.

Et seront copies collationnées du présent arrêt envoyées à tous les bailliages et sénéchaussées du ressort et aux gouvernances, bailliages et officiers municipaux d'Artois, pour y être lues, publiées et registrées. Enjoint aux substituts de notre procureur général d'y tenir la main, et d'en certifier notredite cour au mois ; enjoint aux officiers desdits siéges de veiller chacun en droit soit à la pleine et entière exécution du présent arrêt, qui sera imprimé, lu, publié et affiché partout ou besoin sera, notamment dans les villes du ressort où il n'y avait autres écoles ou colléges que ceux desdits soi-disant jésuites. Si mandons, mettre le présent arrêt à due, pleine et entière exécution, selon sa forme et teneur; de ce faire te donnons pouvoir. Donné en parlement, toutes les chambres assemblées, le six août mil sept cent soixante-deux, collationné. Regnault.

Signé, DUFRANC.

ARRÊT

DE LA COUR

DE PARLEMENT.

(Extrait des registres du Parlement.)

6 **Août** 1762.

Vu par la cour, toutes les chambres assemblées, par elle rendu ce jourd'hui 6 août 1762, par lequel l'institut et les constitutions de la Société se disant ci-devant de Jésus auraient été déclarés abusifs ; vu aussi tous les arrêts rendus en la cour depuis et compris le 6 août 1761 concernant les prêtres, écoliers et autres se disant de ladite Société, et concernant la tenue des écoles et colléges par autres que par lesdits ci-devant soi-disant jésuites ; conclusions du procureur-général du roi ; ouï le rapport de Me Joseph-Marie Terray, conseiller : tout considéré ;

1°. *Exécution des Arrêts rendus pour les Colléges.*

LA COUR, toutes les chambres assemblées, a ordonné et ordonne, sous le bon plaisir du roi, et jusqu'à ce qu'il ait fait connaître ses volontés dans les formes ordinaires à la cour, toutes les chambres assemblées, ce que ledit seigneur roi sera supplié de faire incessamment, que tous les arrêts par elle rendus, et notamment ceux des 17, 19, 20, 26, 27 février, 2, 6, 9, 13 et 20 mars dernier, et autres concernant la tenue des écoles et colléges par autres que par lesdits ci-devant soi-disant jésuites, dans les villes de Laon, Mauriac, Aurillac, Châlons-sur-Marne, Bourges, Nevers, Angoulême, Chaumont-en-Bassigny, Auxerre, Langres, Fontenai-le-Comte, Amiens, Blois, Orléans, Tours, Saint-Flour, Sens, Clermont-Ferrand, Billon, la Flèche, Lyon, Bar-le-Duc, Mâcon, la Rochelle, Charleville, Poitiers, Compiègne, Roanne, Moulins, Eu, Arras, Hesdin, Saint-Omer, Bethune et Aire, continueront d'être exécutés selon leur forme et teneur, jusqu'à ce qu'il ait été par la cour, toutes les chambres assemblées, statué sur l'homologation des délibérations et concordats faits en exécution desdits arrêts, à l'effet de quoi les commissaires de la cour s'assembleront au jour qui sera indiqué après la S.-Martin; ce faisant, ordonne que tous les biens qui appartenaient à ladite ci-devant Société se disant de Jésus, continueront d'être régis et administrés par les économes sequestres établis en vertu des arrêts des 3 et 30 avril, et 5 mai dernier et autres, jusqu'à ce qu'il en ait été par ladite cour autrement ordonné.

2° *Biens des Colléges.*

Ordonne qu'il sera procédé à la fixation des biens qui seront affectés à la direction et entretien des écoles et colléges des villes où il n'y avait que ceux desdits ci-devant soi-disant jésuites; à l'effet de quoi les officiers des bailliages et sénéchaussées, et les officiers municipaux desdites villes seront tenus d'envoyer à la cour, avant le premier décembre prochain, des mémoires contenant en premier lieu, le détail exact des biens et bénéfices de l'ancienne dotation desdites écoles et colléges avant l'introduction desdits ci-devant soi-disant jésuites, ainsi que tous ceux qui lors ou depuis leur introduction auraient été donnés, unis, aumônés ou légués à quelque titre que ce soit auxdits ci-devant soi-disant jésuites, pour la tenue et entretien desdites écoles ou colléges, fondations de chaires et autres objets de pareille nature; en second lieu, ce qu'ils estimeront convenable sur la forme à prendre pour la régie et administration des biens qui seront affectés auxdites écoles et colléges; en troisième lieu, la forme dans laquelle ont été érigés et formés lesdites écoles et colléges, avant ou depuis l'introduction des ci-devant soi-disant jésuites, auxquels mémoires seront joints les titres justificatifs ; pour, le tout être communiqué au procureur-général du roi, et examiné par lesdits commissaires, être par la cour statué ainsi qu'il appartiendra, tant en cas de suffisance qu'insuffisance desdits biens ou autrement, et être ledit seigneur roi très-humblement supplié de faire expédier toutes lettres-patentes sur ce nécesssaires.

Et cependant ordonne que les officiers municipaux desdites villes prendront possession, aussitôt l'évacuation des maisons et établissements de la ci-devant Société, des terrains et bâtiments qui servaient auxdites écoles et colléges, ainsi que des meubles meublants destinés pour le service desdites écoles et colléges : de laquelle prise de possession il sera dressé procès-verbal par le lieutenant-général du siége royal, ou en cas d'absence ou d'empêchement légitime, par un des autres officiers du siége, suivant l'ordre du tableau, assisté du substitut du procureur-général du roi; lequel procès-verbal contiendra en même temps description sommaire desdits meubles et de l'état desdits terrains et bâtiments.

Le tout néanmoins sans préjudice de ce qui concerne le collége établi dans la ville de la Flèche, sur lequel ledit seigneur roi sera très-humblement supplié de faire connaître ses intentions à la cour dans la forme ordinaire; et cependant ordonne qu'il en sera pris possession par les officiers de la sénéchaussée de la Flèche, au nom dudit seigneur roi.

Comme aussi sera ledit seigneur roi très-humblement supplié de vouloir bien ordonner que tous les revenus généralement quelconques précédemment octroyés par lui et ses prédécesseurs rois pour la direction et entretien desdites écoles et colléges, continueront d'être employés à un usage aussi avantageux pour le bien de l'Etat.

Ordonne qu'avant de statuer sur les terrains et bâtiments des maisons et établissements de ladite ci-devant Société autres que ceux des écoles et colléges des villes du ressort où il n'y avait que ceux tenus par lesdits ci-devant soi-disant jésuites, les officiers royaux, les officiers municipaux et les universités établies dans les lieux où sont lesdits bâtiments et terrains, et notamment les officiers du Châtelet de Paris et ceux de la sénéchaussée de Lyon et du bailliage de Reims, ainsi que les prévôts des marchands et échevins desdites villes de Paris et Lyon, et les officiers municipaux de la ville de Reims, et les universités de Paris et de Reims, enverront à la cour, avant le premier décembre prochain au plus tard, les mémoires qu'ils estimeront convenables sur l'emploi qui pourrait être fait desdits bâtiments et terrains pour quelqu'objet d'utilité publique ou particulière, ainsi que sur la manière d'en acquitter le prix, pour être employé dans la suite ainsi qu'il sera ordonné; lesquels mémoires communiqués au procureur-géneral du roi, il sera par lui requis, et par la cour ordonné ce qu'il appartiendra, et ledit seigneur roi sera supplié de faire expédier toutes lettres-patentes sur ce nécessaires.

3° *Biens chargés de fondations.*

Ordonne qu'il sera procédé en la cour, sur les titres qui sont déposés au greffe et sur les mémoires qui pourront être remis au procureur-général du roi par les parties intéressées, à la distraction des biens qui appartenaient à ladite ci-devant Société et qui se trouveraient chargés de fondations particulières autres néanmoins que celles desdites écoles et colléges, pour être ensuite délibéré en la cour et pourvu à l'acquit desdites fondations par qui et ainsi qu'il appartiendra. Et sera en conséquence ledit seigneur roi très-humblement supplié d'ordonner que tous titres et papiers concernant ladite ci-devant Société qui auraient été remis audit seigneur roi, seront de son ordre adressés au procureur-général dudit seigneur roi, pour être déposés au greffe de la cour.

4°. *Mémoires des Syndics sur les pensions, et sur le paiement des créanciers et bénéfices unis.*

Et pour pourvoir tant aux pensions alimentaires qui seront

fixées auxdits ci-devant soi-disant jésuites, lesquelles seront principalement affectées sur le revenu des bénéfices unis, qu'au paiement des créanciers légitimes de ladite Société, ordonne que les directeurs des créanciers de ladite ci-devant Société seront tenus de présenter en la cour, toutes les chambres assemblées, tels mémoires et requêtes qu'ils estimeront convenables, pour, le tout communiqué au procureur-général du roi et examiné par lesdits commissaires, être par lui requis, et par la cour ordonné ce qu'il appartiendra.

5°. *Bénéfices unis.*

Sera ledit seigneur roi très-humblement supplié de faire expédier toutes lettres qui seraient nécessaires au sujet de toutes unions de bénéfices faites à toutes maisons et établissements de ladite ci-devant Société. Et cependant par provision, jusqu'à ce qu'il en soit par le dit seigneur roi autrement ordonné, a fait et fait ladite cour inhibitions et défenses à tous patrons, fondateurs et collateurs laïcs ou ecclésiastiques et à tous autres, de pourvoir auxdits bénéfices sous quelque prétexte que ce puise être, d'en prendre possession, de s'immiscer dans la jouissance desdits bénéfices, de faire ou poursuivre aucunes procédures à raison de désunion, réversion ou autres conditions portées aux actes d'union, patronage et fondation, ou à tel autre titre et en quelque forme que ce puisse être; comme aussi à tous officiers dans l'étendue du ressort, de mettre en possession desdits bénéfices aucuns prétendants droit à iceux : sauf néanmoins auxdits patrons, collateurs, fondateurs et à tous autres prétendants droit auxdits bénéfices unis, à remettre tels mémoires qu'ils aviseront bon être au procureur-général du roi, pour être sur le vu d'iceux par le procureur-général du roi requis, et par la cour, toutes les chambres assemblées, ordonné ce qu'il appartiendra.

6°. *Restant des biens de la Société.*

Déclare ladite cour les biens de ladite ci-devant Société

soi-disant de Jésus, autres néanmoins que les bénéfices unis, après que les revenus desdites écoles et colléges auront été fixés, les fondations prélevées, les dettes de ladite Société acquittées en principaux, intérêts et frais, appartenir audit seigneur roi, pour être employés ainsi qu'il jugera à propos de l'ordonner; le tout néanmoins sans préjudice des pensions alimentaires qui seront accordées aux ci-devant membres de ladite Société, pour le temps pendant lequel elles auront cours.

7°. *Vente du mobilier.*

Ordonne que tout le mobilier appartenant à ladite ci-devant Société, dans toutes et chacunes les maisons et établissements d'icelles saisi à la requête du procureur-général du roi, sera vendu sur les procès-verbaux de saisie, à la requête, poursuite et diligence du procureur-général du roi en cette ville de Paris; et à sa requête, poursuite et diligence de ses substituts dans les siéges du ressort, aussitôt après l'évacuation desdites maisons, et ce au plus offrant et dernier enchérisseur en la forme ordinaire, et après qu'affiches auront été apposées; à l'effet de quoi toutes oppositions qui pourraient avoir été faites auxdites saisies mobilières, tiendront sur le prix de la vente desdits effets mobiliers : et seront les deniers provenants desdites ventes, à la déduction néanmoins des frais de saisie et de vente fixés par les juges des lieux, remis aux économes séquestres nommés en exécution des arrêts des 23, 30 avril et 5 mai 1762, et autres arrêts particuliers pour être lesdits deniers par eux versés, sans pouvoir être employés à aucun autre usage, dans les mains de Bronod le jeune, économe séquestre nommé pour cette ville de Paris, pour être employés ainsi qu'il sera par la cour ordonné.

Ne seront néanmoins compris dans lesdites ventes les meubles meublants des écoles et colléges des villes où il n'y avait que ceux desdits ci-devant soi-disant jésuites, sur lesquels il a été précédemment statué par le présent arrêt, ni tout ce qui nous sera estimé nécessaire par les juges des lieux pour l'exploitation et entretien des biens de ladite ci-devant soi-disant

Société, dont il sera dressé un état par les huissiers chargés de faire lesdites ventes. Comme aussi surseoit ladite cour à la vente de l'argenterie, de tous livres, linges, ornements, vases sacrés, chandeliers, et généralement de tous autres ornements et décorations d'églises, ainsi que toute bibliothèque, jusqu'à ce qu'il en ait été par ladite cour autrement ordonné, toutes les chambres assemblées, et pour y pourvoir ordonne que les commissaires de ladite cour s'assembleront jeudi prochain.

Et en cas de revendications faites ou à faire d'aucuns des effets mobiliers sis en cette ville de Paris ou ailleurs, saisis à la requête du procureur-général du roi, ordonne que sur lesdites revendications les parties se pourvoiront en la grand'chambre de la cour, même en la chambre qui sera ordonnée pour les vacations, à l'effet d'y être statué, soit provisoirement, soit définitivement, suivant l'exigence des cas : en conséquence surseoit à la vente desdits effets mobiliers ainsi revendiqués, jusqu'à ce qu'il y ait été statué : à l'effet de quoi les parties intéressées seront tenues de faire signifier lesdites revendications, tant au procureur-général du roi ou à ses substituts sur les lieux, qu'à l'huissier chargé de la vente, à faute de quoi lesdits huissiers pourront procéder à la vente desdits effets mobiliers; ordonne pareillement que sur toutes les autres contestations qui pourraient s'élever dans le cours desdites ventes, il y sera statué par les juges des lieux, dont les ordonnances seront exécutées par provision, non-obstant oppositions ou appellations quelconques et sans y préjudicier, et expéditions d'icelles envoyées sans delai au procureur-général du roi.

8°. *Provisions alimentaires en attendant que les pensions soient fixées.*

Ordonne que par les économes séquestres il sera délivré à chacun desdits ci-devant soi-disant jésuites ayant atteint l'âge de trente-trois ans au présent jour 6 août 1762, et compris dans les procès-verbaux dressés en exécution du susdit arrêt du 23 avril 1762, autres néanmoins que les coadjuteurs temporels, la somme de 600 livres par provision, laquelle leur sera payée, savoir : 250 livres présentement, et le surplus en deux paiements égaux de 175 livres chacun, au 1er décembre et au 1er mars prochain. Et en cas que, prélèvement fait des deniers nécessaires pour payer les appointements des maîtres établis dans les écoles et colléges au lieu et place desdits ci-devant soi-disant jésuites, il y ait insuffisance de deniers dans les mains des économes séquestres établis dans les ville et lieux du ressort de la cour, ordonne que lesdites sommes seront payées par Bronod le jeune, économe séquestre nommé pour cette ville de Paris, sur la quittance desdits ci-devant soi-disant jésuites ou de leur fondé de procuration, à laquelle sera joint un certificat du substitut du procureur-général du roi, que lesdits ci-devant soi-disant jésuites sont compris dans les procès-verbaux dressés en exécution du susdit arrêt du 23 avril dernier, et qu'ils n'ont pu, par insuffisance de deniers, être payés par l'économe séquestre du lieu de leur résidence. Comme aussi ordonne qu'il sera payé en la même forme, manière et aux mêmes conditions que ci-dessus, aux coadjuteurs temporels, la somme de 300 livres, savoir : 150 livres présentement, et le surplus en deux paiements égaux de 75 livres chacun, au premier décembre et au premier mars prochain. Et quant à ceux desdits ci-devant soi-disant jésuites n'ayant pas encore atteint l'âge de trente trois ans, compris dans lesdits procès-verbaux, actuellement résidants dans les maisons et établissements de ladite Société situés dans le ressort de la cour, ordonne qu'il leur sera délivré pour itinéraire et vestiaire la somme de 200 livres, et aux coadjuteurs temporels celle de 100 livres, le tout en la même forme et manière, et aux mêmes conditions que dessus. Et seront toutes avances qui pourraient être faites par lesdits économes séquestres, et notamment par Bronod le jeune, remboursées sur les premiers deniers qui rentreront en caisse, par privilége et préférence à tous, à l'exception néanmoins des appointements des maîtres qui enseignent dans lesdites écoles et colléges au lieu et place desdits ci-devant soi-disant jésuites.

9°. *Paiement des frais.*

Comme aussi, pour pourvoir au paiement des frais bien et légitimement faits en exécution des arrêts des 23 et 30 avril, 5 mai 1762, autres néanmoins que ceux des saisies et ventes, ainsi que de ceux qui pourraient s'être faits en exécution du présent arrêt, ordonne que les mémoires desdits frais seront envoyés incessamment au procureur-général du roi, à la diligence de ses substituts sur les lieux, pour, après que lesdits mémoires auront été communiqués au procureur-général du roi et examinés par les commissaires, être par la cour statué et ordonné ce qu'il appartiendra.

10°. *Etat général à dresser par quatre de Messieurs.*

Et, pour pouvoir connaître le plus exactement qu'il sera possible l'état général des biens qui appartenaient à ladite ci-devant Société dans l'étendue du ressort de la cour, constater ce qui peut résulter des délibérations et concordats des villes du ressort sur la tenue des écoles et colléges, déterminer l'emploi qui peut être fait des terrains et bâtiments, des maisons et établissements de la ci-devant Société, autres que les écoles et colléges situés dans les villes du ressort où il n'y avait que ceux tenus par lesdits ci-devant jésuites, fixer les fondations dont les biens de ladite ci-devant Société peuvent être chargés, ainsi que le montant des pensions alimentaires qui seront demandées par lesdits ci-devant soi-disant jésuites, et celui des sommes dues par ladite ci-devant Société ; ordonne que par le conseiller rapporteur, M⁺ Barthélemy-Gabriel Rolland, conseiller président en la première chambre des requêtes du palais, M⁺ Pierre-Philippe Roussel et M⁺ Clément-Charles-François de l'Averdy, conseiller, que la cour a commis à cet effet, il sera procédé à tous les dépouillements et relevés nécessaires, tant sur les procès-verbaux dressés en exécution de l'arrêt du 23 avril dernier, que sur tous les mémoires qui ont été précédemment envoyés à la cour, et qui le seront par la suite par les siéges royaux, corps-de-ville, universités du ressort, et autres prétendants droit, ensemble sur les états des dettes de ladite ci-devant Société, et sur les requêtes qui seront présentées par lesdits ci-devant soi-disant jésuites, de tout quoi il sera par eux rendu compte auxdits commissaires et à la cour, toutes les chambres assemblées, au lendemain de St-Martin; en conséquence, ordonne que ceux des officiers royaux du ressort de la cour qui n'auraient pas encore envoyé au greffe d'icelle les procès-verbaux ordonnés par le susdit arrêt du 23 avril dernier, seront tenus de le faire avant le 7 septembre prochain au plus tard.

11°. *Envoi et notification de l'Arrêt.*

Ordonne qu'à la requête du procureur-général du roi, copies collationnées par le greffier de la cour du présent arrêt seront signifiées sans délai aux maisons de ladite ci-devant Société se disant de Jésus qui sont en cette ville de Paris, et dans les trois jours de la publication du présent arrêt dans les siéges du ressort, à toutes les autres maisons et établissements occupés dans le ressort de la cour, par ceux qui étaient ci-devant membres de ladite Société. Enjoint très-expressément auxdits ci-devant soi-disant jésuites de s'y conformer.

Et seront copies collationnées du présent arrêt envoyées à tous les baillages et sénéchaussées du ressort, et aux gouvernances, bailliages et officiers municipaux de l'Artois, pour y être lues, publiées et registrées : enjoint aux substituts du procureur-général du roi d'y tenir la main et d'en certifier la cour au mois : enjoint aux officiers desdits siéges de veiller chacun en droit soi, à la pleine et entière exécution du présent arrêt, qui sera envoyé au bureau de la ville de Paris, ainsi que ceux rendus par la cour, le 6 août 1761, concernant ladite ci-devant Société, et celui rendu cejourd'hui sur l'appel comme d'abus interjeté par le procureur-général du roi, pour y être lus, publiés et registrés. Enjoint aux substituts du procureur-général du roi audit bureau de la ville, d'en certifier la cour au mois; et aux officiers dudit bureau, de veiller chacun en droit soi à la pleine et entière exécution desdits arrêts ; comme aussi ordonne que le présent arrêt sera, à la requête du procureur-général du roi, notifié à l'université de Paris, et à la poursuite et diligence de ses substituts sur les lieux, notifié à l'université de Reims et autres universités du ressort, aux prévôts des marchands et échevins de la ville de Lyon et aux officiers municipaux de toutes les villes du ressort où il y avait des maisons et établissements de ladite ci-devant Société se disant de Jésus, sous le nom de noviciat, maisons professes, missions, résidences, séminaires, ou sous telle autre dénomination et désignation que ce puisse être. Et sera le présent arrêt imprimé, publié et affiché partout où besoin sera, notamment dans toutes les villes où il y avait des maisons et établissements de ladite ci-devant Société. Fait en parlement, toutes les chambres assemblées, le six août mil sept cent soixante-deux. *Collationné*, Regnault.

Signé DUFRANC.